Język
ANGIELSKI
gry słowne

dla
średniozaawansowanych

Tytuł oryginału: Angličtina – slovní hry pro středně pokročilé (úroveň B1)

Autor: mgr Gabrielle Smith-Dluha
Ilustracje: Antonín Šplíchal

Tłumaczenie z języka czeskiego: Małgorzata Mikołajczyk
Korekta: Stämpfli Polska Sp. z o.o.
Opracowanie dtp: Stämpfli Polska Sp. z o.o.

Pierwsze wydanie © INFOA, Česka republika
http://www.infoa.cz
All rights reserved

Wydanie polskie © Wydawnictwo REA 2013

ISBN 978-83-7544-630-2

Wydawnictwo REA s.j.
Dział Handlowy
ul. Kolejowa 9/11, 01-217 Warszawa
Tel.: 22 631 94 23, 22 632 69 03, 22 632 68 82
Fax: 22 632 21 15
e-mail: handlowy@rea-sj.pl
www.rea-sj.pl

BOOKS

Wybierz słowo, które najlepiej opisuje
treść czytanej przez daną osobę książki.

A **funny**

B **boring**

C **exciting**

D **informative**

E **heartwarming**

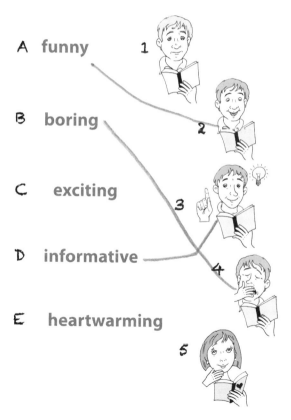

1C exciting

2A funny

3D informative

4B boring

5E heartwarming

MINISŁOWNIK

book [bʊk] – książka
boring [ˈbɔːrɪŋ] – nudny
exciting [ɪkˈsaɪtɪŋ] – zajmujący, trzymający w napięciu
funny [ˈfʌni] – zabawny, dowcipny
heartwarming [ˈhaːtˌwɔːmɪŋ] – miłosny, chwytający za serce
informative [ɪnˈfɔːmətɪv] – informacyjny, pouczający

THE INTERNET

Rozwiąż krzyżówkę.

Crossword grid:

1. PROFILE
2. (down) SEARCH ENGINE
3. AT
4. HACKED
5. (down) WEBSITE
6. BLOG
7. USERNAME
8. DOT
9. LINK
10. (down) PASSWORD

ACROSS →

1. I'm going to post this picture on my _____ Blog
3. @   hacked
4. Oh no! Somebody _____ into my computer. hacked
6. She writes a really interesting _____ Profile
7. Dwarf 7 is not my real name. It is my _____ username
8. .   link
9. Send me the _____ to your website.

DOWN ↓

2. Google is a popular _____ web site.
5. www.learningtree.com is _____ website
10. Don't tell anybody your _____ password

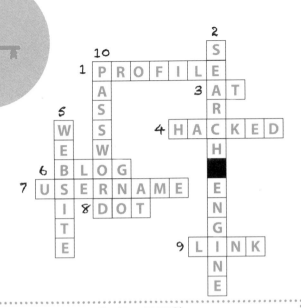

Crossword answers:
1. PROFILE
2. SEARCH
3. AT
4. HACKED
5. WEBSITE
6. BLOG
7. USERNAME
8. DOT
9. LINK
10. PASSWORD
SEARCH ENGINE

ENGLISH TIP!

Some company names are used so frequently in English that they become verbs. For example, when searching for information on the internet you can say:

"google it" = search for it on the Internet.

MINISŁOWNIK

@ = at *[æt]* @, znak internetowy
blog *[blɒg]* – blog
dot *[dɒt]* – kropka
frequently *['fri:.kwentli]* – często
hack *[hæk]* – zaatakować
Internet *['ɪn.tə.net]* – Internet
link *[lɪŋk]* – link, odsyłacz

password *['pɑːs.wɜːd]* – hasło
profile *['prəʊ.faɪl]* – profil
search *[sɜːtʃ]* – szukać
search engine *[sɜːtʃ 'en.dʒɪn]* – wyszukiwarka
username *['juː.zə.neɪm]* – login
website *['web.saɪt]* – strona internetowa

GEOGRAPHY QUIZ

1. What is the capital city of the Bahamas?

a) Nassau
b) Kingston
c) Port Au Prince

2. In which European city do they speak the most languages?

a) London
b) Paris
c) Manchester

3. Where did the first strawberries come from?

a) Europe
b) South America
c) Asia

1a Nassau

2c Manchester

3b South America

DID YOU KNOW?

Manchester, UK has a population of half a million, but at least 153 languages are spoken there. It is the most ethnically diverse city in Europe and, possibly, second only to New York in the world.

MINISŁOWNIK

at least *[æt li:st]* – przynajmniej
capital city *['kæp.ɪ.t³l 'sɪt.i]* – stolica
come from *[kʌm frɒm]* – pochodzić z
diverse *[daɪ'vɜːs]* – różnorodny
ethnically *['eθ.nɪkªl.i]* – etnicznie
first *['fɜːst]* – pierwszy
geography *[dʒi'ɒg.rə.fi]* – geografia
language *['læŋ.gwidʒ]* – język

population *[ˌpɒp.jə'leɪ.ʃ³n]* – populacja
possibly *['pɒs.ə.bli]* – możliwie
speak *[spi:k]* – mówić
strawberry *['strɔː.bªr.i]* – truskawka
the most *[ðə məʊst]* – najbardziej
world *[wɜːld]* – świat

THE ALPHABET

Znajdź 5 słów, które zaczynają się na literę B.

Bshoes

bone

lightning

bow tie

ear

bridle

beard

bouquet

cat

ring

1. bone   **4. bouquet**

2. beard   **5. bow tie**

3. bride

Can you think of 5 more words in English
that start with the letter B?

MINISŁOWNIK

alphabet *['æl.fə.bet]* – alfabet
beard *[bɪəd]* – broda
bone *[bəʊn]* – kość
bouquet *[bʊˈkeɪ]* – bukiet
bow tie *[baʊ taɪ]* – muszka
bride *[braɪd]* – panna młoda

ear *[ɪə']* – ucho
lightning *['laɪ.tʰnɪŋ]* – błyskawica
ring *[rɪŋ]* – pierścionek
shoes *[ʃuːz]* – buty
think *[θɪŋk]* – myśleć

NUMBERS

Z połączenia podzielonych słów powstaną liczby.

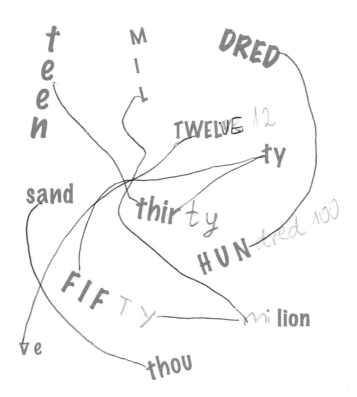

1. **million**

2. **thousand**

3. **fifteen (or fifty)**

4. **twelve**

5. **thirty (or thirteen)**

6. **hundred**

> How much money have you got in your wallet?

MINISŁOWNIK

fifteen *[,fɪf'tiːn]* – piętnaście
fifty *['fɪf.ti]* – pięćdziesiąt
have (got) *[hæv gɒt]* – mieć,
   posiadać
how much *[haʊ mʌtʃ]* – ile
hundred *['hʌn.drəd]* – sto
million *['mɪl.jən]* – milion

money *['mʌn.i]* – pieniądze
number *['nʌm.bəʳ]* – numer
thirteen *[θɜː'tiːn]* – trzynaście
thirty *['θɜː.ti]* – trzydzieści
thousand *['θaʊ.zⁿnd]* – tysiąc
twelve *[twelv]* – dwanaście
wallet *['wɒl.ɪt]* – portfel

THE HUMAN FACE

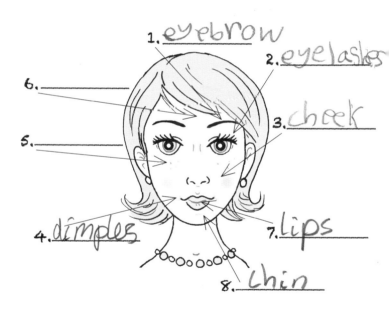

1. eyebrow

2. eyelashes

3. cheek

4. dimples

5. _____

6. _____

7. lips

8. chin

1. **eyebrow**
2. **eyelashes**
3. **cheek**
4. **dimples**
5. **freckles**
6. **forehead**
7. **lips**
8. **chin**

Have you got
dimples or freckles?

none

MINISŁOWNIK

cheek *[t∫i:k]* – policzek
chin *[t∫ɪn]* – broda
dimples *['dɪm.pᵊlz]* – dołeczki w policzkach,
   dołeczek w brodzie
eyebrow *['aɪ.braʊ]* – brew
eyelashes *['aɪ.læʃɪz]* – rzęsy
forehead *['fɔ:.hed]* – czoło
freckles *['frek.ᵊlz]* – piegi
human face *['hju:.mən 'feɪs]* – (ludzka) twarz
lips *[lɪps]* – usta

THE ENVIRONMENT

Znajdź rozwiązanie problemu występującego
w środowisku naturalnym.

deforestation

B
turn off
the lights

rubbish/household
waste

D
use public
transport

energy waste

E
clean up
the rubbish

air pollution
in cities

C
plunt trees

polluted parks
and streets

A
recycle

PLASTIC

deforestation – C – **plant trees**

rubbish/household waste – A – **recycle**

energy waste – B – **turn off the lights**

air pollution in cities – D – **use public transport**

polluted parks and streets – E – **clean up the rubbish**

ENGLISH TIP!

"de" is a common prefix in English. It means "to reverse".

Examples: deforestation, defrost, deactivate, debug...

MINISŁOWNIK

air pollution [eə' ,pə'luː:.ʃ°n] – zanieczyszczenie powietrza
clean up [kliːn ʌp] – sprzątać
common ['kɒm.ən] – powszechny
deforestation [diː,fɒr.ɪ'steɪ.ʃ°n] – wycinanie lasów
energy waste ['ən.ə.dʒi weɪst] – marnowanie energii
environment [ɪn'vaɪrə.rᵊn.mənt] – środowisko
household waste ['haʊs.həʊld weɪst] – odpady komunalne
light [laɪt] – światło

park [paːk] – park
plant [plaːnt] – sadzić
polluted [pə'luːtɪd] – zanieczyszczony
prefix ['priː.fɪks] – przedrostek
public transport ['pʌb.lɪk trænt.spɔːt] – komunikacja publiczna
recycle [,riː'saɪ.kᵊl] – przetwarzać
reverse [rɪ'vɜːs] – odwrócić, zmienić
rubbish ['rʌb.ɪʃ] – śmieci
street [striːt] – ulica
tree [triː] – drzewo
turn off ['tɜːn.ɒf] – wyłączyć
use [juːz] – używać

ANIMALS

Które zwierzę nie pasuje do pozostałych?

1. ko~~a~~la   whale   dolphin   shark

2. polar bear   penguin   walrus   fr~~o~~g

3. eagle   butt~~e~~rfly   parrot   seagull

Jakiego słowa tu brakuje?

4. sheep: lamb
   cow : calf

5. dog: puppy
   bear: _cub_

6. _kitten_ : cat
   kid: goat

1. Koala – because it doesn't live in the ocean.

2. Frog – because it doesn't live in Arctic areas or the Antarctica.

3. Butterfly – because it isn't a bird.

4. cow

5. cub

6. kitten

> **ENGLISH TIP!**
> Other special names for animal babies:
> duck – duckling   frog – tadpole
> pig – piglet   deer – fawn
> horse – colt

MINISŁOWNIK

animal *['æn.ɪ.mᵊl]* – zwierzę
animal baby *['æn.ɪ.mᵊl 'beɪ.bi]* – młode zwierzęta
area *['eə.ri.ə]* – obszar
baby *['beɪ.bi]* – młode
because *[bɪ'kɒs]* – ponieważ
bird *[bɜːd]* – ptak
butterfly *['bʌt.ə.flaɪ]* – motyl
calf *[kɑːf]* – cielak
colt *[kəʊlt]* – źrebak
cow *[kaʊ]* – krowa
cub/bear cub *[kʌb/beəʳ kʌb]* – niedźwiadek
deer *[dɪəʳ]* – jeleń
duck *[dʌk]* – kaczka
duckling *['dʌk.lɪŋ]* – kaczątko

eagle *['iː.gᵊl]* – orzeł
fawn *[fɔːn]* – jelonek
frog *[frɒg]* – żaba
horse *[hɔːs]* – koń
kid *[kɪd]* – koźlę
kitten *['kɪt.ᵊn]* – kociątko
koala *[kəʊ'ɑː.lə]* – miś koala
lamb *[læm]* – jagnię
pig *[pɪg]* – świnia
piglet *['pɪg.lət]* – prosię
puppy *['pʌp.i]* – szczeniak
seagull *['siː.gʌl]* – mewa
special *['speʃ.ᵊl]* – niezwykły, specjalny
tadpole *['tæd.pəʊl]* – kijanka
walrus *['wɔːl.rəs]* – mors

PORTIONS AND QUANTITY

Połącz wyrażenia z obrazkami.

1. a bar of

2. a carton of

3. a glass of

4. a bottle of

5. a bowl of

6. a piece of

7. a slice of

1. a bar of soap
2. a carton of milk
3. a glass of wine
4. a bottle of mineral water
5. a bowl of soup
6. a piece of ⌐ cheese
7. a slice of ⌊ toast

What have you eaten today?

	yes	no
a bowl of soup	☒	☐
a slice of toast	☑	☐
a piece of cheese	☒	☐

MINISŁOWNIK

bar [baːʳ] – kostka, tabliczka
bowl [bəʊl] – miska
bottle [ˈbɒt.ᵊl] – butelka
carton [ˈkaː.tᵊn] – pudło
cheese [tʃiːz] – ser
eat [iːt] – jeść
glass [glaːs] – szklanka
milk [mɪlk] – mleko
mineral water [ˈmɪn.ᵊr.ᵊl ˌwɔː.təʳ] – woda mineralna

piece [piːs] – kawałek
portions [ˈpɔː.ʃᵊnz] – porcje, części
quantity [ˈkwɒn.tə.ti] – ilość
slice [slaɪs] – plasterek
soap [səʊp] – mydło
soup [suːp] – zupa
toast [təʊst] – grzanka, tost
wine [waɪn] – wino

WHAT'S THE WORD?

Spójrz na obrazki, odejmij od nazwy wymienione litery i odgadnij, jakie nowe słowo powstanie.

1.

−b   −in   −u   −b

at   tra

attracted

2.

−ink   −iet   −r

earthquoom

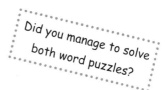

Did you manage to solve both word puzzles?

1 attracted (~~bat~~ + train + ~~cut~~ + ~~bed~~)

2 earthquake (ear + ~~think~~ + quiet + ~~rake~~)

ENGLISH TIP!

"Managed to" means to complete a difficult task:

"We managed to get to the top of the mountain."

MINISŁOWNIK

attracted [ə'træktɪd] – przyciągany
bat [bæt] – nietoperz
bed [bed] – łóżko
both [bəʊθ] – oba
complete [kəm'pli:t] – pełny, kompletny
cut [kʌt] – kroić, ciąć, zaciąć się
difficult ['dɪf.ɪ.kᵊlt] – trudny
ear [iəʳ] – ucho
earthquake ['ɜ:θ.kweɪk]
  – trzęsienie ziemi
especially [ɪ'speʃ.ᵊli] – szczególnie
manage to ['mæn.ɪdʒ tə]
  – dać sobie radę

mean [mi:n] – oznaczać
mountain ['maʊn.tɪn] – góra
puzzle ['pʌz.ᵊl] – układanka
quantity ['kwɒn.tə.ti] – ilość
quiet [kwaɪət] – cicho
rake [reɪk] – grabie
solve [sɒlv] – rozwiązać
task [ta:sk] – zadanie
think [θɪŋk] – myśleć
top [tɒp] – szczyt
train [treɪn] – pociąg
word [wɜ:d] – słowo

DOGS

Połącz rysunki przedstawiające psy
z ich odpowiednią rasą.

1. German Shepherd

4. Beagle

2. Pug

5. Golden Retriever

3. Chihuahua

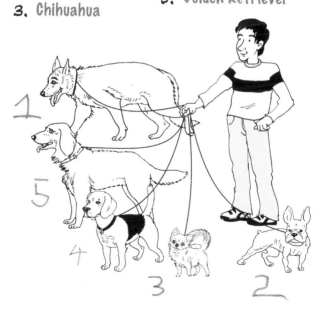

What's your favourite breed of dog?

ENGLISH TIP!

We use the word "breed" to talk about types of animals.

MINISŁOWNIK

Beagle *['biːgªl]* – beagle
breed *[briːd]* – rasa
Chihuahua *[tʃɪˈwaːwə]* – chihuahua
German Shepherd *['dʒɜːmən ˈʃepəd]* – owczarek niemiecki

Golden Retriever *['gəʊl.dən rɪˈtriːvə']* – golden retriever
Pug *[pʌg]* – mops (rasa psa)
talk about *[tɔːk əˈbaʊt]* – mówić o czymś
type *[taɪp]* – rodzaj, typ
use *[juːz]* – używać

MATH PROBLEMS

Rozwiąż zadania matematyczne.

1. **twelve minus three equals** _____9_____

2. **twelve divided by three equals** _____4_____

3. **twelve plus three equals** _____15_____

4. **twelve multiplied by three equals** _____36_____

36   9   4

15

1 $12 - 3 = 9$

2 $12 : 3 = 4$

3 $12 + 3 = 15$

4 $12 \times 3 = 36$

ENGLISH TIP!

" = " = equals

We say 5 + 5 equals 10

or

5 + 5 is 10

MINISŁOWNIK

divided by *[dɪ'vaɪdɪd baɪ]*
– dzielone przez
equal *['iː.kwəl]* – równa się
math *[mæθ]* – matematyka
minus *['maɪ.nəs]* – minus

multiplied by *['mʌl.tɪ.plaɪd baɪ]*
– pomnożone przez, razy coś
plus *[plʌs]* – plus
say *[seɪ]* – powiedzieć

TEXTING IN ENGLISH

Połącz wiadomość tekstową z jej prawidłowym znaczeniem.

A. **C u 2moro**

B. **T +**

C. **C u L8R**

D. **idk**

E. **i h8 u! :((**

F. **sum1**

G. **143** **1432**

B Think positive.

G I love you.
   I love you too.

A See you
   tomorrow.

F Someone.

D I don't know.

C See you later.

E I hate you.

27

A C u 2moro = See you tomorrow.

B T + = Think positive.

C C u L8R = See you later.

D idk = I don't know.

E i h8 u! :((= I hate you!

F sum1 = Someone.

G 143 = I love you.
1432 = I love you too.

MINISŁOWNIK

hate *[heɪt]* – nienawidzić
know *[nəʊ]* – wiedzieć, znać
later *[leɪtə']* – później
positive *['pɒz.ə.tɪv]* – pozytywny
texting *[tekstɪŋ]* – pisanie smsów
tomorrow *[tə'mɒr.əʊ]* – jutro

WHICH WORD DOESN'T BELONG?

Które słowo nie pasuje do pozostałych?

1. France   Taiwan   German   the Netherlands

    yes (handwritten, pointing to German)   *mistake* (handwritten, pointing to the Netherlands)

2. skates   raft   life vest   oar

3.

4. buy   sea   river   valley

29

1 German - because the other 3 are countries.

2 Skates - the other 3 are equipment for rafting.

3 Fork - because the other 3 are words that end with the letter "r".

4 Valley - because the other 3 are bodies of water.

MINISŁOWNIK

bay [beɪ] – zatoka
belong [bɪˈlɒŋ] – należeć, przynależeć
body [ˈbɒd.i] – ciało
equipment [ɪˈkwɪp.mənt] – sprzęt
fork [fɔːk] – widelec
France [frɑːnts] – Francja
German [ˈdʒɜː.mə.ni] – Niemcy
life vest [laɪf vest] – kamizelka ochronna
mirror [ˈmɪr.ə'] – lustro
oar [ɔːʳ] – wiosło

other [ˈʌð.ə'] – inny, następny
raft [rɑːft] – czółno, łódź
river [ˈrɪv.ə'] – rzeka
sea [siː] – morze
skate [skeɪt] – łyżwy
Taiwan [ˌtaɪˈwɑːn] – Taiwan (Republika Chińska)
the Netherlands [ðə ˈneð.ələndz] – Holandia
valley [ˈvæl.i] – dolina

RIDDLES

1. Where do fish keep their money?

In a riverbank

2. Name 3 keys that do not unlock doors.

a monkey, a donkey, a turkey

1 In a river bank.

2 a donkey, a monkey, a turkey

DID YOU KNOW?

Children usually laugh or smile 300 to 400 times a day. Adults laugh on average 15 times a day.

MINISŁOWNIK

adult [æd.ʌlt] – dorosły
donkey [ˈdɒŋ.ki] – osioł
keep [ki:p] – zatrzymać, przechowywać
key [ki:] – klucz
laugh [lɑ:f] – śmiać się
monkey [ˈmʌŋ.ki] – małpa
on average [ɒn ˈæv.ə.rɪdʒ] – przeciętnie
riddle [ˈrɪd.ə̩l] – zagadka, rebus
river bank [ˈrɪv.ə bæŋk] – brzeg rzeki
smile [smaɪl] – uśmiechać się
their [ðeə] – ich
...times a day [taɪmz ə deɪ] – ...razy dziennie
turkey [ˈtɜ:.ki] – indyk
usually [ˈjuː.ʒ°li] – zazwyczaj

WORD WHEEL

Ile słów znajdziesz w poniższej karuzeli słownej?

R   E

I   A   T

M   S

time, eat, ate, sat, RE, Sam
rats, smart, tame, rat, stem,
mare, tear, arm, at, tea, team,
tie, same, mat

rat(s)   tame
star   smart
stare   stem
rate   mare
mate   tear
mist   arm
meat   at
tram   eat
trim   tea
sat   team
set   tie
sit   same

ENGLISH TIP!

"re" is a common prefix in the English language; 14 % of all words with a prefix begin with "re"; "re" means "again"
Examples:
recount, redo, refresh, replay, reheat, retell

MINISŁOWNIK

arm *[a:m]* – ręka
begin *[bɪ'gɪn]* – zacząć
common *['kɒm.ən]* – powszechny
eat *[i:t]* – jeść
mare *[meə']* – kobyła, klacz
mate *[meɪt]* – kolega, kumpel
mean *[mi:n]* – oznaczać
meat *[mi:t]* – mięso
mist *[mɪst]* – mgła
prefix *['pri:.fɪks]* – przedrostek
rat *[ræt]* – szczur
rate *[reɪt]* – prędkość
recount *[,ri:'kaʊnt]* – przeliczyć
redo *[ri:'du:]* – przerobić
refresh *[ri'freʃ]* – odświeżyć
reheat *[ri:'hi:t]* – odgrzać
retell *[ri:'tel]* – ponownie opowiedzieć
same *[seɪm]* – taki sam
sat *[sæt]* – czas przeszły od słowa „sit"
set *[set]* – zestaw, komplet
smart *[sma:t]* – bystry
stare *[steə']* – wpatrywać się
stem *[stem]* – rdzeń
tame *[teɪm]* – oswojony
tear *[tɪə']* – łza
tie *[taɪ]* – krawat
tram *[træm]* – tramwaj
trim *[trɪm]* – schludny
word wheel *[wɜ:d hwi:l]* – karuzela słowna

WHAT'S DIFFERENT?

Znajdź 6 różnic.

A

B

What's your favourite sport?
What kind of equipment do you
need for this sport?

MINISŁOWNIK

bicycle [ˈbaɪ.sɪ.kᵊl] – rower
boat [bəʊt] – łódź
cross-country skis [ˌkrɒs ˈkʌn.tri skiːz] –
  biegówki
dumbbell [ˈdʌm.bel] – hantle
exercise bike [ˈek.sə.saɪz baɪk] – rower
  treningowy
flipper [ˈflɪp.əʳ] – płetwa
helmet [ˈhel.mət] – kask

hockey stick [ˈhɒk.i ˌstɪk] – kij
  hokejowy
paddle [ˈpæd.ᵊl] – wiosło
skate [skeɪt] – łyżwy
ski [skiː] – narty
snorkel [ˈsnɔː.kᵊl] – maska
  do nurkowania
sticks [stɪks] – kijki

WORD FORMATION

Dodaj przedrostek lub przyrostek do słów zamieszczonych pośrodku, powstaną wtedy nowe słowa.

multi

ment

friendly

Friend

perform

pay

un

media

y

river

circle

live

deliver

form

semi-   made

ance

unfriendly
performance
payment
multimedia
semi-circle
delivery

friendly

Are your neighbours friendly or ~~unfriendly~~?

Can you draw a ~~semi~~-circle?

MINISŁOWNIK

circle/semi-circle [ˈsɜː.kᵊl/ˈsem.i,sɜː.kᵊl] – koło/półkole
deliver/delivery [dɪˈlɪv.əʳ/dɪˈlɪv.əʳ.i] – dostarczyć/przesyłka
draw [drɔː] – rysować
friendly/unfriendly [ˈfrend.li/ʌnˈfrend.li] – przyjacielski/
nieprzyjacielski
media/multimedia [ˈmiː.di.ə/ˌmʌl.tiˈmiː.di.ə] – media/multimedia
neighbour [ˈneɪ.bəʳ] – sąsiad
pay/payment [peɪ/ˈpeɪ.mənt] – płacić/zapłata
perform/performance [pəˈfɔːm/pəˈfɔː.mənts]
– występować/występ
word formation [wɜːd fɔːˈmeɪ.ʃᵊn] – słowotwórstwo

RHYME TIME

Zaznacz słowo, które rymuje się z pierwszym
słowem w rzędzie.

1.

2. HOPE

3.

4.

5.

1. **whale – tail**

2. **hope – rope**

3. **money – honey**

4. **fruit – suit**

5. **cheese – peas**

ENGLISH TIP!
Idiom "Like peas in a pod" means that 2 people are very close or intimate: "They are always together – like peas in a pod".

MINISŁOWNIK

cactus ['kæk.təs] – kaktus
caterpillar ['kæt.ə.pɪl.əʳ] – gąsienica
crab [kræb] – krab
cheese [tʃiːz] – ser
close [kləʊz] – blisko
comet ['kɒm.ɪt] – kometa
flipper ['flɪp.əʳ] – płetwa
fruit [fruːt] – owoc
ghost [gəʊst] – duch
honey ['hʌn.i] – miód
hope [həʊp] – nadzieja
idiom ['ɪd.i.əm] – idiom
intimate ['ɪn.tɪ.mət] – intymny
lightning ['laɪ.t°nɪŋ] – błyskawica

money ['mʌn.i] – pieniądze
pea [piː] – groszek
pineapple ['paɪ.næp.ºl] – ananas
pod [pɒd] – strąk
rope [rəʊp] – lina
rhyme [raɪm] – rym
shopping trolley ['ʃɒp.ɪŋ 'trɒl.i] – wózek na zakupy
snake [sneɪk] – wąż
suit [suːt] – garnitur
tail [teɪl] – ogon
together [tə'geð.əʳ] – razem
whale [hweɪl] – wieloryb

LOGIC

Uzupełnij brakujące słowa.

1. male: female

   _____ : bride

2. tent: _____

   oabin: ski trip

3. hurricane: wind

   blizzard: _____

4. birthday cake: cake shop

   gold bracelet: _____

5. winter: season

   beef: *meat*

1. groom: bride

2. tent: camping

3. blizzard: snow

4. gold bracelet: jeweller's

5. beef: meat

ENGLISH TIP!

Another word we use for "equipment" is "gear":
"Did you pack all your camping gear?", "I got some new hockey gear for Christmas."

MINISŁOWNIK

beef *[bi:f]* – wołowina
birthday cake *['bɜ:θ.deɪ ˌkeɪk]* – tort urodzinowy
blizzard *['blɪz.əd]* – burza śnieżna
bride *[braɪd]* – panna młoda
cabin *['kæb.ɪn]* – chatka
cake shop *[keɪk ʃɒp]* – cukiernia
camping *[kæmpɪŋ]* – camping, obóz
equipment *[ɪ'kwɪp.mənt]* – sprzęt
female *['fi:.meɪl]* – kobieta, osoba płci żeńskiej
gear *[gɪəʳ]* – wyposażenie, ekwipunek
gold bracelet *[gəʊld 'breɪs.lət]* – złota bransoletka
groom *[gru:m]* – pan młody

hurricane *['hʌr.ɪ.kən]* – huragan
jeweller's *['dʒu:.ə.ləʳz]* – sklep jubilerski
logic *['lɒdʒ.ɪk]* – logika
male *[meɪl]* – mężczyzna, osoba płci męskiej
meat *[mi:t]* – mięso
pack *[pæk]* – spakować się
season *['si:.zⁿn]* – pora roku
ski trip *[ski: trɪp]* – wyjazd na narty
snow *[snəʊ]* – śnieg
tent *[tent]* – namiot
wind *[wɪnd]* – wiatr
winter *['wɪn.təʳ]* – zima

SAY OR TELL?

Uzupełnij puste kwadraty literą „A" lub „B".

A TELL

B SAY

B sorry

A a joke!

A the time

B a prayer

B goodbye

A a lie

A the truth

A tell a joke

tell the time

tell a lie

tell the truth

B say sorry

say a prayer

say goodbye

> **A TYPICAL ENGLISH PRAYER BEFORE A MEAL:**
> "God is great and God is good! And we thank God for our food! By God's hand we must be fed, give us Lord, our daily bread. Amen."

MINISŁOWNIK

amen [,a:'men] – amen
bread [bred] – chleb
daily ['deɪ.li] – (co)dzienny
fed [fed] – nakarmiony
food [fu:d] – jedzenie
God [gɒd] – Bóg
great [greɪt] – wielki
joke [dʒəʊk] – żart

lie [laɪ] – kłamstwo
Lord [lɔːd] – (Pan) Bóg
meal [mi:l] – posiłek
prayer [preəʳ] – modlitwa
say [seɪ] – powiedzieć
tell [tel] – mówić, powiadać
truth [tru:θ] – prawda
typical ['tɪp.ɪ.kºl] – typowy

1. Who can shave 25 times a day and still have a beard?

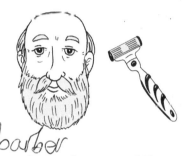

a barber

2. Which moves faster: heat or cold?

heat

1 a barber

2 heat - anyone can catch a cold...

> ### ENGLISH TIP!
> a, the or Ø for illnesses?
> We say:
> **a:** a fever, a cold, a headache,
> a sore throat
> **the:** the measles, the mumps
> **Ø:** cancer, pneumonia

MINISŁOWNIK

anyone *['en.ɪ.wʌn]* – ktokolwiek
barber *['bɑ:.bə']* – fryzjer
beard *[bɪəd]* – broda
cancer *['kænt.sə']* – rak
catch *[kætʃ]* – złapać
cold *[kəʊld]* – przeziębienie
faster *['fɑ:stə']* – szybciej
fever *['fi:.və']* – gorączka
headache *['hed.eɪk]* – ból głowy
heat *[hi:t]* – ciepło
illness *['ɪl.nəs]* – choroba

measles *['mi:z.ªlz]* – odra
move *[mu:v]* – ruszać się
mumps *[mʌmps]* – świnka
pneumonia *[nju:'məʊ.ni.ə]* –
zapalenie płuc
riddle *['rɪd.ªl]* – zagadka, rebus
shave *[ʃeɪv]* – golić się
sore throat *[sɔ:' θrəʊt]* – ból gardła
still *[stɪl]* – nadal, wciąż
times a day *[taɪmz ə deɪ]* – razy
dziennie

CROSSWORD PUZZLE – WINTER

ACROSS →

1. You sit on it and slide fast down a hill.
2. They fall from the sky on a cold winter day. No two are alike.
3. He has a carrot nose.
4. It keeps your neck warm.

DOWN ↓

5. Players in NHL wear them on their feet.
6. You wear them on your hands to keep them warm.
7. Children love to throw them.

The crossword puzzle contains:

Across:
1. SLEDGE
2. SNOWFLAKE
3. SNOWMAN
4. SCARF

Down:
5. ICE
6. GLOVES
7. SNOWBALL

SKATES

MINISŁOWNIK

alike *[ə'laɪk]* – podobny

carrot nose *['kær.ət nəʊz]* – nos z marchewki

crossword puzzle *['krɒs.wɜːd 'pʌz.əl]* – krzyżówka

fall *[fɔːl]* – spadać

fast *[faːst]* – szybko

feet *[fiːt]* – stopy

gloves *[glʌvz]* – rękawiczki

hill *[hɪl]* – wzgórze

ice-skates *['aɪs.skeɪts]* – łyżwy

keep *[kiːp]* – zatrzymać

player *[pleɪəʳ]* – gracz

neck *[nek]* – szyja

scarf *[skaːf]* – szalik

sky *[skaɪ]* – niebo

sledge *[sledʒ]* – sanie

slide *[slaɪd]* – ślizgać się, poślizgnąć się

snowball *['snəʊ.bɔːl]* – śnieżka

snowflake *['snəʊ.fleɪk]* – płatek śniegu

snowman *['snəʊ.mæn]* – bałwan

throw *[θrəʊ]* – rzucać

warm *[wɔːm]* – ciepły

wear *[weəʳ]* – nosić, mieć na sobie

DIFFICULT PEOPLE

Połącz obrazek z odpowiednim słowem.

bully

party animal

gossip

troublemaker

snob

bully  ✓

gossip  ✓

party animal ✓

troublemaker ✓

snob ✓

MINISŁOWNIK

bully *['bʊl.i]* – chuligan
degree *[dɪ'griː]* – stopień, tytuł naukowy
describing *[dɪ'skraɪbɪŋ]* – opisujący
extreme *[ɪk'striːm]* – ekstremalny, nadzwyczajny
gossip *['gɒs.ɪp]* – plotka
intensifier *[ɪn'tent.sɪfaɪ.ər]* – wyraz wzmacniający
noun *[naʊn]* – rzeczownik
party animal *['paː.ti æn.ɪ.məl]* – imprezowicz
snob *[snɒb]* – snob, pyszałek
such a *[sʌtʃə]* – taki
troublemaker *['trʌb.əl,meɪ.ər]* – prowokator

GOING
CAMPING

Przejdź labirynt i zbierz rzeczy (zgodnie z podaną
kolejnością) zanim dotrzesz do namiotu.

matches

sleeping bag

rucksack

torch

compass

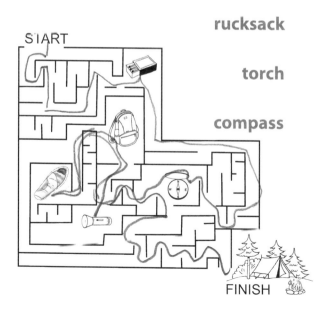

1 **matches**

2 **compass**

3 **torch**

4 **rucksack**

5 **sleeping bag**

> Do you like to go camping?
> Where?

MINISŁOWNIK

compass *['kʌm.pəs]* – kompas
finish *['fɪn.ɪʃ]* – koniec, cel
go camping *[gəʊ kæmpɪŋ]* – jechać pod namiot
matches *[mætʃɪz]* – zapałki
rucksack *['rʌk.sæk]* – plecak
sleeping bag *['sliːpɪŋ bæg]* – śpiwór
torch *[tɔːtʃ]* – latarka
where *[hweəʳ]* – gdzie, dokąd

52

EVERYDAY ENGLISH

Kupujesz bilet. Wybierz poprawną odpowiedź na zadane pytania.

1. Hi, can I help you?

a) **Yes. I would like two** ✓ **tickets, please.**
b) **Give me two tickets.**

2. That's £22, please.

a) **Thank you.**
b) **Ok, here you are.** ✓

3. Where does the tour start from?

a) **Every half an hour.** ✓
b) **At the main entrance.**

1a

2b

3b

Which castle would you like to visit in the UK?

How about Warwick Castle?

It sits on a cliff overlooking the River Avon. It is a medieval castle built by William the Conqueror in 1068.

MINISŁOWNIK

built by *[bɪlt baɪ]* – zbudowany przez
castle *[ˈkɑː.sᵊl]* – zamek
cliff *[klɪf]* – występ skalny
entrance *[ˈen.trənts]* – wejście
every *[ˈev.ri]* – każdy
everyday English *[ˈev.ri.deɪ ˈɪŋ.glɪʃ]* – język angielski (potoczny)
half an hour *[hɑːf əb ˈaʊə]* – pół godziny
main *[meɪn]* – główny
medieval *[ˌmed.iˈiː.vᵊl]* – średniowieczny
overlook *[ˌaʊ.vəˈlʊk]* – mieć widoki
ticket *[ˈtɪk.ɪt]* – bilet
tour *[tʊə]* – zwiedzanie
William the Conqueror *[ˈwɪl.jəm ðə ˈkɒŋ.kᵊr.ə]* – Wilhelm Zdobywca
where...from *[hweə...frəm]* – skąd

WORD FORMATION

Karteczki ze słowami rozdarły się i pomieszały.
Spróbuj je znowu połączyć. Ile nowych słów uda ci się
z nich ułożyć?

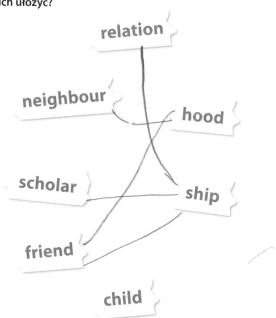

relation

neighbour

hood

scholar

ship

friend

child

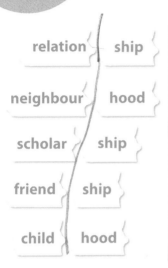

relation — ship

neighbour — hood

scholar — ship

friend — ship

child — hood

MINISŁOWNIK

adulthood *[ˈæd.ʌlt.hʊd]* – dorosłość
babyhood *[ˈbeɪ.bi.hʊd]* – niemowlęctwo
brotherhood *[ˈbrʌð.ə.hʊd]* – braterstwo
child/childhood
  [tʃaɪld/ˈtʃaɪld.hʊd] – dziecko/dzieciństwo
condition *[kənˈdɪʃ.ᵊn]* – stan
friend/friendship
  [frend/ˈfrend.ʃɪp] – przyjaciel/przyjaźń
neighbour/neighbourhood
  [ˈneɪ.bəʳ/ˈneɪ.bə.hʊd] – sąsiad/sąsiedztwo
relation/relationship
  [rɪˈleɪ.ʃᵊn/rɪˈleɪ.ʃᵊn.ʃɪp] – stosunek/związek
scholar/scholarship
  [ˈskɒl.əʳ/ˈskɒl.ə.ʃɪp] – uczony/stypendium
sisterhood *[ˈsɪs.tə.hʊd]* – więzy siostrzane
state *[steɪt]* – faza (czasowo)
time *[taɪm]* – czas

ENGLISH TIP!

"-hood" means a state, condition or time. Here are

some other words that end with "-hood":

* babyhood   * brotherhood

* adulthood   * sisterhood

WHAT DO WE WEAR ON THE HUMAN BODY?

Uzupełnij brakujące słowa.

1. earring: ear
   wristband: wrist

2. ring: finger
   necklace: neck

3. mascara: eyelashes
   lipstick: lips

4. sunscreen: skin
   nail polish: fingernails

5. perfume: neck
   deodrant armpits

6. scarf: neck
   gloves: hands

1. bracelet

2. necklace

3. lipstick

4. nail polish

5. deodorant

6. gloves

MINISŁOWNIK

armpit [ˈaːm.pɪt] – pacha
BC [biˈfɔː kraɪst] – przed naszą erą
bracelet [ˈbreɪs.lət] – bransoletka
ear [ɪə] – ucho
earring [ˈɪə.rɪŋ] – kolczyk
eyelash [ˈaɪ.læʃ] – rzęsa
deodorant [diːˈəʊdərənt] – dezodorant
fingernail [ˈfɪŋ.gə.neɪl] – paznokieć
gloves [glʌvz] – rękawiczki
hand [hænd] – ręka
lip [lɪp] – warga
lipstick [ˈlɪp.stɪk] – szminka
mascara [məˈskɑː.rə] – tusz do rzęs

nail polish [neɪl ˌpɒl.ɪʃ] – lakier do paznokci
neck [nek] – szyja
necklace [ˈnek.ləs] – naszyjnik
originate [əˈrɪdʒ.ə'n.eit] – powstać, zacząć się
perfume [ˈpɜː.fjuːm] – perfumy
ring [rɪŋ] – pierścionek
scarf [skɑːf] – szalik
skin [skɪn] – skóra
sunscreen [ˈsʌn.skriːn] – krem
  przeciwsłoneczny
wear [weə] – ubrać się
wrist [rɪst] – nadgarstek

GROUPS OF ANIMALS

Połącz słowa z obrazkami i utwórz wyrażenia.

1. **a pack**   _2_ of bees

2. **a flock**   _2_ of dogs

3. **a swarm**   _12_ of birds

4. **a herd**   _4_ of elephants

a pack of dogs
a flock of birds
a swarm of bees
a herd of elephants

MINISŁOWNIK

animal *[ˈæn.ɪ.mᵊl]* – zwierzę
bat *[bæt]* – nietoperz
bee *[biː]* – pszczoła
colony *[ˈkɒl.ə.ni]* – kolonia
elephant *[ˈel.ɪ.fənt]* – słoń
flock *[flɒk]* – stado
group *[gruːp]* – grupa
herd *[hɜːd]* – stado, trzoda
kitten *[ˈkɪt.ᵊn]* – kociątko
litter *[ˈlɪt.əʳ]* – miot (kociąt, szczeniąt)
pack *[pæk]* – sfora
swarm *[swɔːm]* – rój

WHAT'S THE WORD?

Przyjrzyj się rysunkom, oddziel od nazw podane litery i zgadnij, jakie słowo powstanie.

1.

– ses   – an   – d

comander

2.

opposite of "OUT" + **4** + [cat] c = m + [tie] + opposite of "OFF"

– u   – t   – e

in maon _ _ _ _ _

1. **romance (ro~~ses~~ + ma~~n~~ + ~~d~~ance)**

2. **information (in + fo~~ur~~ + ~~c~~at (c = m)
   + tie + on)**

> ### QUOTE:
>
> "The very essence of romance is uncertainty."
>
> Oscar Wilde

MINISŁOWNIK

dance *[daːnts]* – *tańczyć*
essence *['es.ᵊnts]* – *istota, sedno*
in *[ɪn]* – *w, wewnątrz*
man *[mæn]* – *mężczyzna, człowiek*
on *[ɒn]* – *na (powierzchni)*
off *[ɒf]* – *z (wierzchu), na zewnątrz*
out *[aʊt]* – *na zewnątrz*
quote *[keəʊt]* – *cytat*
romance *[rəʊ'mænts]* – *romans, romantyczność*
rose *[rəʊz]* – *róża*
tie *[taɪ]* – *krawat*
uncertainty *[ʌn'sɜː.tᵊn.ti]* – *niepewność*
word *[wɜːd]* – *słowo*

THE OR Ø?

Kiedy używamy rodzajnika określonego,
a kiedy nie?

1. Do we use the definite article
"the" before cities?

a) She went to Moscow. ✓

or

b) She went to the Moscow.

2. Do we use the definite article
"the" before oceans?

a) Hawaii is in the middle of Pacific Ocean.

or

b) Hawaii is in the middle of the Pacific Ocean. ✓

1a She went to Moscow.

2b Hawaii is in the middle of the Pacific Ocean.

> **ENGLISH TIP!**
>
> We usually use "the"
>
> before bodies of water:
>
> the Danube, the English Channel,
>
> the Atlantic Ocean
>
> (except lakes!)
>
> Lake Michigan

MINISŁOWNIK

before [bɪˈfɔː] – przed
body of water [ˈbɒd.i əv ˈwɔː.tə] – zbiornik wodny,
  jednolita część wód (jcw)
definite article [ˈdef.ɪ.nət ˈɑː.tɪ.kəl] – rodzajnik określony
except [ɪkˈsept] – oprócz, z wyjątkiem
lake [leɪk] – jezioro
middle [ˈmɪd.əl] – między, pomiędzy
the Pacific Ocean [ðə pəˈsɪf.ɪk ˈəʊ.ʃən] – Ocean Spokojny
use [juːz] – użyć

THE ALPHABET

Znajdź 8 słów, które zaczynają się na literę „A".

ant
alien
ankle
arrow
@
artist
advice
angel

ENGLISH TIP!

We use "should" to make suggestions and give advice:

"You should call your mom."

"We should take a taxi."

MINISŁOWNIK

advice [əd'vaɪs] – rada
alien ['eɪ.li.ən] – kosmita
alphabet ['æl.fə.bet] – alfabet
angel ['eɪn.dʒ³l] – anioł
ankle ['æŋ.k³l] – kostka
ant [ænt] – mrówka
arrow ['ær.əʊ] – strzała
artist ['ɑː.tɪst] – artysta

@ = at [æt] @, znak internetowy
give advice [gɪv əd'vaɪs] – udzielać rad
make a suggestion [meɪk ə sə'dʒes.tʃ³n] – zasugerować, zaproponować
snowflake ['snəʊ.fleɪk] – płatek śniegu, śnieżynka
snowman ['snəʊ.mæn] – bałwan

OUR SOLAR SYSTEM

Potrafisz wymienić wszystkie planety?

1. ....

2. ....

3. ....

4. ....

5. ....

6. ....

7. ....

8. ....

1 **Mercury**

2 **Venus**

3 **Earth**

4 **Mars**

5 **Jupiter**

6 **Saturn**

7 **Uranus**

8 **Neptune**

ENGLISH TIP!

All the planet names in English are
capitalized, except "earth"!

"I am wishing for peace on earth."

Except when we are talking about it
in an astronomical way:

"The rocket left the Earth and went
to Mars."

MINISŁOWNIK

astronomical *['æs.trə'nɒm.ɪkᵊl]* – astronomiczny
capitalize *['kæp.ɪ.tᵊl.aɪz]* – pisać wielkimi
  literami
Earth *[ɜːθ]* – Ziemia
Jupiter *['dʒuː.pɪ.tə']* – Jowisz
Mars *[mɑːz]* – Mars
Mercury *['mɜː.kjᵊr.i]* – Merkury
Neptune *['nep.tjuːn]* – Neptun
peace *[piːs]* – pokój
planet *['plæn.ɪt]* – planeta
rocket *['rɒk.ɪt]* – rakieta
Saturn *['sæt.ən]* – Saturn
solar system *['səʊ.lə' ,sɪs.təm]* – Układ
  Słoneczny
Uranus *['jʊə.rᵊn.əs]* – Uran
Venus *['viː.nəs]* – Wenus
wish *[wɪʃ]* – życzyć, mieć życzenie

FOOD SHOPPING

Które słowo nie pasuje do pozostałych?

1. carrot   aubergine   peach   corn

2. apricot   walnut   almond   hazelnut

3. sour cream   pork   cheese   yoghurt

4. pineapple   kiwi   plum   green pepper

5. shopping   matches   checkout   shopping
   trolley   lisl

1 Peach - it's a fruit, the other 3 are vegetables.

2 Apricot - it's a fruit, the other 3 are types of nuts.

3 Pork - it's a type of meat, the other 3 are dairy products.

4 Green pepper - it's a vegetable, the other 3 are fruit.

5 Matches - the other 3 are things to do with shopping.

MINISŁOWNIK

almond *['ɑː.mənd]* – migdał
apricot *['eɪ.prɪ.kɒt]* – morela
aubergine *['əʊ.bə.ʒiːn]* – bakłażan
carrot *['kær.ət]* – marchewka
checkout *['tʃek.aʊt]* – kasa
cheese *[tʃiːz]* – ser
corn *[kɔːn]* – kukurydza
dairy product *['deə.ri ,prɒd.ʌkt]* – nabiał
food shopping *[fuːd ,ʃɒp.ɪŋ]* – zakupy spożywcze
fruit *[fruːt]* – owoc
green pepper *[griːn 'pep.ə']* – zielona papryka
hazelnut *['heɪ.zʲl.nʌt]* – orzech laskowy

kiwi *['kiː.wiː]* – kiwi
matches *[mætʃɪz]* – zapałki
nut *[nʌt]* – orzeszek
peach *[piːtʃ]* – brzoskwinia
pineapple *['paɪ.næp.ʲl]* – ananas
plum *[plʌm]* – śliwka
pork *[pɔːk]* – wieprzowina
scientifically *[,saɪən'tɪf.ɪk.ʲl.i]* – naukowo
shopping list *[ʃɒp.ɪŋ lɪst]* – lista zakupów
shopping trolley *['ʃɒp.ɪŋ 'trɒl.i]* – wózek na zakupy
sour cream *[,saʊə' 'kriːm]* – kwaśna śmietan
vegetable *['vedʒ.tə.bʲl]* – warzywo
walnut *['wɔːl.nʌt]* – orzech włoski
yoghurt *['jɒg.ət]* – jogurt

OPPOSITES

Połącz przeciwieństwa.

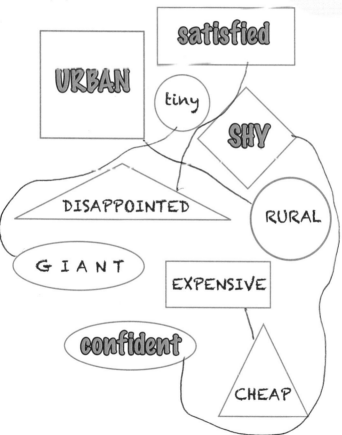

satisfied

URBAN

tiny

SHY

DISAPPOINTED

RURAL

GIANT

EXPENSIVE

confident

CHEAP

giant – tiny

shy – confident

expensive – cheap

rural – urban

disappointed – satisfied

> 3 instant ways to boost your confidence:
>
> 1) sit up or stand tall
>
> 2) smile
>
> 3) take a deep breath

MINISŁOWNIK

boost *[buːst]* – zwiększać
cheap *[tʃiːp]* – tani
confidence *[ˈkɒn.fɪ.dⁿnts]* – pewność siebie
confident *[ˈkɒn.fɪ.dⁿnt]* – pewny siebie
disappointed *[ˌdɪs.əˈpɔɪn.tɪd]* – rozczarowany
expensive *[ɪkˈspent.sɪv]* – drogi
giant *[dʒaɪənt]* – ogromny
opposite *[ˈɒp.ə.zɪt]* – przeciwieństwo, słowo o przeciwnym znaczeniu
rural *[ˈrʊə.rⁱl]* – wiejski
satisfied *[ˈsæt.ɪsfaɪd]* – usatysfakcjonowany
shy *[ʃaɪ]* – nieśmiały
take a deep breath *[teɪk ə diːp breθ]* – wziąć głęboki oddech
tiny *[ˈtaɪ.ni]* – mały, maleńki
urban *[ˈɜː.bⁿn]* – miejski

WHAT'S THE MISSING WORD?

Wpisz jedno słowo, aby powstały poprawne wyrażenia.
Następnie wpisz przy odpowiednim wyrażeniu litery
przyporządkowane do obrazków.

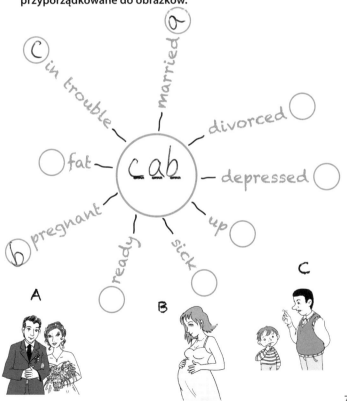

73

GET

A get married

B get pregnant

C get in trouble

ENGLISH TIP!

There are also many phrasal verbs with get, such as:

to get together (to meet):

"Let's get together tomorrow night."

MINISŁOWNIK

depressed *[dɪ'prest]* – przygnębiony, załamany

divorced *[dɪ'vɔːst]* – rozwiedziony

fat *[fæt]* – gruby

get *[get]* – zdobyć, zyskać, wziąć

get depressed *[get dɪ'prest]* – wpaść w depresję

get divorced *[get dɪ'vɔːst]* – rozwodzić się

get fat *[get fæt]* – utyć

get married *[get 'mærid]* – wziąć ślub

get pregnant *[get 'preg.nənt]* – zajść w ciążę

get ready *[get 'red.i]* – przygotować się

get sick *[get sɪk]* – zachorować

get together *[get tə'geð.əʳ]* – spotkać się

get trouble *[get 'trʌb.ᵊl]* – wpaść w tarapaty

get up *[get ʌp]* – wstać

phrasal verb *['freɪ.zᵊl 'vɜːb]* – czasownik frazowy w języku angielskim

married *['mærid]* – żonaty, zamężna

missing word *[mɪsɪŋ wɜːd]* – brakujące słowo

pregnant *['preg.nənt]* – w ciąży

ready *['red.i]* – gotowy

sick *[sɪk]* – chory

together *[tə'geð.əʳ]* – razem

trouble *['trʌb.ᵊl]* – kłopot

YOU WON THE LOTTERY!

Połącz los z odpowiednią wygraną.

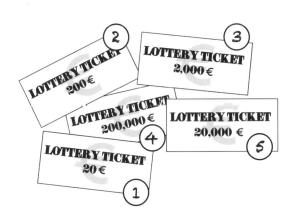

5 twenty thousand Euros

4 two hundred thousand Euros

3 two thousand Euros

1 twenty Euros

2 two hundred Euros

1 20 € = twenty Euros

2 200 € = two hundred Euros

3 2,000 € = two thousand Euros

4 200,000 € = two hundred thousand Euros

5 20,000 € = twenty thousand Euros

DID YOU KNOW?

You are more likely to be struck by lightning 5,000 times, than win the lottery.

MINISŁOWNIK

be struck by *[bi: strʌk baɪ]* – zostać uderzonym, trafionym
lightning *['laɪ.tᵊnɪŋ]* – piorun, błyskawica
likely *['laɪklɪ]* – prawdopodobny
lottery ticket *['lɒt.ᵊr.i 'tɪk.ɪt]* – los na loterię
20 € *['twen.ti 'jʊə.rəʊz]* – 20 euro
200 € *[tu: 'hʌn.drəd 'jʊə.rəʊz]* – 200 euro
2000 € *[tu: 'θaʊ.zᵊnd 'jʊə.rəʊz]* – 2000 euro
20 000 € *['twen.ti 'θaʊ.zᵊnd 'jʊə.rəʊz]* – 20 000 euro
200 000 € *[tu: 'hʌn.drəd 'θaʊ.zᵊnd 'jʊə.rəʊz]* – 200 000 euro

THE INTERNET

Połącz symbol z odpowiednim wyrazem.

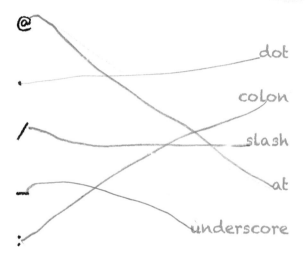

@   dot

.   colon

/   slash

—   at

:   underscore

Can you read this e-mail address out loud?

why??

susan.pip_06@yahoo.uk

@ = at

. = dot

/ = slash

_ = underscore

: = colon

susan (dot) pip (underscore) 06 (at) yahoo

(dot) uk

FILMS

Połącz nazwy gatunków filmowych
z odpowiednimi rysunkami.

E science
fiction

D adventure

A horror

B documentary

F comedy

C musical

A

B

C

D

E

F

A horror

B documentary

C adventure

D musical

E science fiction

F comedy

> **ENGLISH TIP!**
>
> Many non-native speakers accidentally say "document" instead of "documentary" when talking about films!

MINISŁOWNIK

accidentally [ˌæk.sɪ'den.tºli] – przypadkowo
adventure [əd'ven.tʃəʳ] – przygodowy
comedy ['kɒm.ə.di] – komedia
document ['dɒk.jə.mənt] – dokument
documentary ['dɒk.jə'men.tºr.i] – film dokumentalny
horror ['hɒr.əʳ] – horror
instead of ['n'sted əv] – zamiast
musical ['mju:.zɪ.kəl] – musical
non-native speaker [ˌnɒn ˌneɪ.tɪv 'spi:.kəʳ] – osoba, dla której dany język nie jest językiem ojczystym
science fiction [saɪəns 'fɪk.ʃºn] – science fiction, fantastyka naukowa

WHAT'S THE TIME?

Która jest godzina? Jedna odpowiedź jest nieprawidłowa.
Zaznacz ją.

A   It is a quarter to five.

B   It is a quarter past five.

C   It is five to five.

D   It is half past five.

E   It is five past five.

B - It is a quarter past five.

D - It is half past five.

A - It is a quarter to five.

C - It is five to five.

MINISŁOWNIK

half past ... *[hɑːf pɑːst]* – w pół do…
quarter *['kwɔː.tə']* – kwadrans
quarter past ... *['kwɔː.tə' pɑːst]* – kwadrans po…
quarter to ... *['kwɔː.tə' tu]* – za kwadrans…
midday/noon *[ˌmɪd'deɪ/nuːn]* – południe
midnight *['mɪd.naɪt]* – północ

PORTIONS AND QUANTITY

Przyporządkuj wyrażenie do odpowiedniego rysunku.

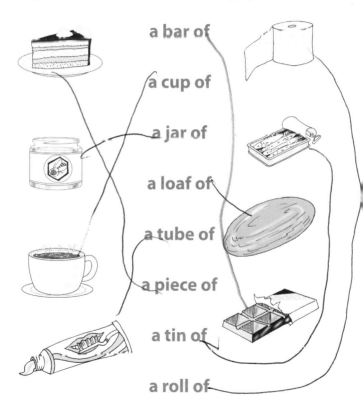

a bar of

a cup of

a jar of

a loaf of

a tube of

a piece of

a tin of

a roll of

a bar of chocolate

a cup of coffee

a jar of honey

a loaf of bread

a tube of toothpaste

a piece of cake

a tin of sardines

a roll of toilet paper

MINISŁOWNIK

bar *[bɑːʳ]* – tabliczka
bread *[bred]* – chleb
coffee *[ˈkɒf.i]* – kawa
cup *[kʌp]* – filiżanka
honey *[ˈhʌn.i]* – miód
include *[inˈkluːd]* – zawierać
jar *[dʒɑːʳ]* – słoik
loaf *[ləʊf]* – bochenek
piece *[piːs]* – kawałek

portion *[ˈpɔː.ʃᵊn]* – porcja
quantity *[ˈkwɒn.tə.ti]* – ilość
roll *[rəʊl]* – rolka
sardines *[sɑːˈdiːnz]* – sardynki
space voyage *[speɪs ˈvɔɪ.ɪdʒ]* – wyprawa w kosmos
tin *[tɪn]* – puszka
toothpaste *[ˈtuː.θ.peɪst]* – pasta do zębów
tube *[tjuːb]* – tubka

DESCRIBING PEOPLE

Rozszyfruj słowo i dokończ zdania.

1. He spends a lot of time in the sun. He has
   __freckles__ on his nose.

   | ERKLSCFE |

2. He is very old. He has a lot of _wrinkles_
   on his face when he smiles.

   | SKWENIRL |

3. When he was a child, he cut his cheek.
   Now he has a big ___scar___ .

   | CRAS |

1 freckles

2 wrinkles

3 scar

HOME BEAUTY TREATMENTS:

• How to reduce freckles: Put lemon juice on your face for 15 minutes then rinse.

• How to reduce wrinkle: Eat avocados and do yoga, particularly upside down poses.

MINISŁOWNIK

avocado [ˌæv.əˈkɑː.dəʊ] – awokado
cheek [tʃiːk] – policzek
cut [kʌt] – kroić, ciąć, zaciąć się
describing [dɪˈsskraɪbɪŋ] – opisywanie
freckle [ˈfrek.ᵊl] – pieg
lemon juice [ˈlem.ən dʒuːs] – sok cytrynowy
particularly [pəˈtɪk.jə.ləˈli] – szczególnie
reduce [rɪˈdjuːs] – zredukować, zmniejszyć
rinse [rɪnts] – opłukać
scar [skɑːˀ] – blizna
smile [smaɪl] – uśmiech
spend [spend] – spędzić
treatment [ˈtriːt.mənt] – kuracja, leczenie
upside down pose [ˈʌp.saɪd ˈdaʊn pəʊz] –
  pozycja do góry nogami
wrinkle [ˈrɪŋ.kᵊl] – zmarszczka
yoga [ˈjəʊ.ɡə] – joga

DO OR MAKE?

Uzupełnij puste kwadraty literą „A" lub „B".

A **do**

B **make**

A **a mistake**

B **money**

A **homework**

B **a mess**

A **sports**

B **a promise**

A **housework**

do – homework, sports, housework

make – a mistake, money, a mess, a promise

	correct	incorrect
1. I made my homework last night.	✓	☐
2. She did a horrible mistake.	✓	☐

2. incorrect – She made a horrible mistake.

1. incorrect – I did my homework.

MINISŁOWNIK

do homework *[du: 'həʊm.wɜːk]* – odrabiać pracę domową
do housework *[du: 'haʊs.wɜːk]* – wykonywać prace w domu
do sports *[du: spɔːts]* – uprawiać sport
horrible *['hɒr.ə.bəl]* – okropny
make a mess *[meɪk ə mes]* – (na)bałaganić
make a mistake *[meɪk ə mɪ'steɪk]* – popełnić błąd
make a promise *[meɪk ə 'prɒm.ɪs]* – obiecać, złożyć obietnicę
make money *[meɪk 'mʌn.i]* – zarobić pieniądze

THE ENVIRONMENT

Z podanych słów ułóż wyrażenia.

global

transport

public

ENDANGERED

ice

e
r
u
p
t
i
o
n
s

MELTING

SPECIES

volcanic

N
E
R
G
Y

MELTING

SPECIES

volcanic

W
WARMING
S
T
E

global warming
melting ice
public transport
endangered species
volcanic eruptions
energy waste

MINISŁOWNIK

capacity *[kə'pæs.ti]* – zdolność, pojemność
endangered *[ɪn'deɪn.dʒəd]* – zagrożony (gatunek)
energy *['en.ə.dʒi]* – energia
equal to *['i:.kwəl tə]* – równać się
eruption *[ɪ'rʌp.ʃ°n]* – erupcja
global *['gləʊ.b°l]* – światowy
ice *[aɪs]* – lód
melting *[meltɪŋ]* – topiący się, rozpuszczający się
nuclear power station *['nju:.kli.ə' paʊə' 'steɪ.ʃ°n]* –
  elektrownia jądrowa
produce *[prə'dju:s]* – produkować, wyrabiać
public *['pʌb.lɪk]* – publiczny
solar power plant *['səʊ.lə' paʊə' 'steɪ.ʃ°n]* –
  urządzenie do pozyskiwania energii słonecznej
species *['spi:.ʃi:z]* – gatunek
transport *[trænt.spɔːt]* – środek transportu
volcanic *[vɒl'kæn.ɪk]* – wulkaniczny
warming *[wɔːmɪŋ]* – ocieplenie
waste *[weɪst]* – marnować

WHAT'S THE WORD?

Przyjrzyj się rysunkom, oddziel od nazw podane litery i zgadnij, jakie powstanie słowo.

1.

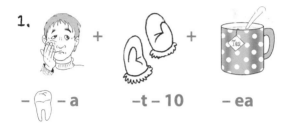

− 🦷 − a   − t − 10   − ea

_ _ _ _ _ _ _

2.

− o   − a   opposite of "LIGHT" d = m   − fe

_ _ _ _ _ _ _ _ _ _

1 chemist (~~toothache~~ + mi~~ttens~~ + ~~t~~ea)

2 supermarket (s~~ou~~p + e~~ar~~ + dark (d = m) + ~~feet~~)

MINISŁOWNIK

chemist *['kem.ɪst]* – aptekarz
dark *[daːk]* – ciemny
ear *[ɪə']* – ucho
feet *[fiːt]* – stopy
light *[laɪt]* – światło, jasny
mittens *['mɪt.ᵊnz]* – rękawiczki
tea *[tiː]* – herbata
toothache *['tuːθ.eˈk]* – ból zęba
soup *[suːp]* – zupa
supermarket *['suː.pə,maː.kɪt]* – supermarket

IN THE KITCHEN

Gdzie w kuchni znajdziesz
wymienione rzeczy?

A in the fridge

_____

_____

_____

a fork
eggs
a spoon
plates

B in the freezer

_____

_____

_____

C in the drawer

_____

_____

_____

a knife
milk
glasses
slices of ham

D in the cupboard

ice cream
a pot
frozen peas

_____

_____

_____

A in the fridge:
eggs
milk
slices of ham

B in the freezer:
ice cream
frozen peas

C in the drawer:
a fork
a spoon
a knife

D in the cupboard:
plates
glasses
a pot

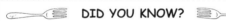

DID YOU KNOW?

Table forks were not generally used in England until the 15th century.

MINISŁOWNIK

century ['sen.tʃ°r.i] – wiek, stulecie
cupboard ['kʌb.əd] – kredens
drawer [drɔː'] – szuflada
fork [fɔːk] – widelec
freezer ['friː.zə'] – zamrażarka
fridge [frɪdʒ] – lodówka
frozen peas [frəʊz°n piː] – mrożony groszek
generally ['dʒen.°r.°l.i] – ogólnie

glass [glaːs] – szklanka
knife [naɪf] – nóż
plate [pleɪt] – talerz
pot [pɒt] – garnek
slice of ham [slaɪs əv hæm] – plaste szynki
spoon [spuːn] – łyżka
until [ʌn'tɪl] – dopóki

FOREIGN WORDS IN ENGLISH

Połącz słowa z językiem ich pochodzenia.

1. hurricane   **HINDI**

2. jungle   **DUTCH**

3. mattress   **CHINESE**

4. yacht   **AMERICAN INDIAN (WEST INDIES)**

5. ketchup   **ARABIC**

1. hurricane – American Indian
2. jungle – Hindi
3. mattress – Arabic
4. yacht – Dutch
5. ketchup – Chinese

DID YOU KNOW?

Of 80,000 English words, 28 % originate from Latin, 28 % from French and 25 % from Germanic languages.

MINISŁOWNIK

American Indian [əˈmer.ɪ.kən ˈɪndiən] – język Indian amerykańskich
Arabic [ˈær.ə.bɪk] – arabski
Chinese [tʃaɪˈniːz] – chiński
Dutch [dʌtʃ] – holenderski
foreign [ˈfɒr.ɪn] – obcy
French [frentʃ] – francuski
Germanic [ˈdʒɜː.mən] – germański
Hindi [ˈhɪn.di:] – hinduski

hurricane [ˈhʌr.ɪ.kən] – huragan
jungle [ˈdʒʌŋ.gᵊl] – dżungla
ketchup [ˈketʃ.ʌp] – ketchup
Latin [ˈlæt.ɪn] – łacina
mattress [ˈmæt.rəs] – materac
originate [əˈrɪdʒ.ᵊn.eɪt] – pochodzić, wywodzić się z
yacht [jɒt] – jacht

ENGLISH TONGUE TWISTERS

Spróbuj powiedzieć poniższe zdania najszybciej, jak potrafisz.

1. **Which wristwatches are Swiss wristwatches?**

2. **I can think of six thin things, but I can think of six thick things too.**

3. **She sells seashells on the seashore.**

ENGLISH TIP!

Pronunciation "th" should not sound like "da" or "fa".

Put your tongue between your teeth to make the "th" sound.

Look in the mirror – is your tongue just a little bit between your teeth?

MINISŁOWNIK

a little bit *[ə 'lɪt.ᵊl bɪt]* – trochę, mało
mirror *['mɪr.əʳ]* – lustro
pronunciation *[prə,nʌnt.si'eɪ.ʃᵊn]* – wymowa
seashell *['siː.ʃel]* – muszelka
seashore *['siː.ʃɔːʳ]* – wybrzeże morskie
sell *[sel]* – sprzedać
sound *[saʊnd]* – dźwięk
thick *[θɪk]* – gruby
thin *[θɪn]* – cienki
tongue *[tʌŋ]* – język (w ustach)
tongue twister *[tʌŋ twɪstəʳ]* – łamaniec języka
wristwatch *['rɪst.wɒtʃ]* – zegarek na rękę

PREPOSITIONS OF TIME

Wybierz odpowiedni przyimek do zdania.

AT? IN? ON?

1. My birthday is _____ 7 December .

2. Let's meet _____ 9:00 o'clock .

3. Easter is _____ April.

4. I love to go skiing _____ winter .

5. We have a test _____ Monday.

1. My birthday is <u>on</u> 7 December.

2. Let's meet <u>at</u> 9 o'clock.

3. Easter is <u>in</u> April.

4. I love to go skiing <u>in</u> winter.

5. We have a test <u>on</u> Monday.

ENGLISH TIP!

• In the UK they write "7 December", but they say "The 7ᵗʰ of December".

• In the US they write "December 7", but they say "December 7ᵗʰ".

MINISŁOWNIK

at *[æt]* – o godzinie (konkretna godzina)
at 3 o'clock *[æt θri: ə'klɒk]* – o 3 godzinie
in *[ɪn]* – w, w czasie
in winter *[ɪn 'wɪn.təʳ]* – w zimie
on *[ɒn]* – w (konkretny dzień)
on 7 December *[ɒn 'sev.ᵊntθ əv dɪ'sem.bəʳ] (UK)*– 7 grudnia
on December 7 *[ɒn dɪ'sem.bəʳ 'sev.ᵊntθ] (US)* – 7 grudnia
on Monday *[ɒn 'mʌn.deɪ]* – w poniedziałek
prepositions of time *[ˌpep.əˈzɪʃ.ᵊn əv taɪm]* – przyimki czasu

GEOGRAPHY QUIZ

1. In which US state is the Grand Canyon located?

   a) **Arizona**
   b) **Texas**
   c) **California**

2. Which animal is responsible for the most human deaths in Africa?

   a) **lion**
   b) **gorilla**
   c) **hippopotamus**

3. What is the largest island in the Mediterranean Sea?

   a) **Crete**
   b) **Sicily**
   c) **Cyprus**

Can you name all 50 states in the USA?

1a Arizona

2c hippopotamus

3b Sicily

ALABAMA, ALASKA, ARIZONA, ARKANSAS, CALIFORNIA, COLORADO, CONNECTICUT, DELAWARE, FLORIDA, GEORGIA, HAWAII, IDAHO, ILLINOIS, INDIANA, IOWA, KANSAS, KENTUCKY, LOUISIANA, MAINE, MARYLAND, MASSACHUSSETS, MICHIGAN, MINNESOTA, MISSISSIPPI, MISSOURI, MONTANA, NEBRASKA, NEVADA, NEW HAMPSHIRE, NEW JERSEY, NEW MEXICO, NEW YORK, NORTH CAROLINA, NORTH DAKOTA, OHIO, OKLAHOMA, OREGON, PENNSYLVANIA, RHODE ISLAND, SOUTH CAROLINA, SOUTH DAKOTA, TENNESSEE, TEXAS, UTAH, VERMONT, VIRGINIA, WASHINGTON, WEST VIRGINIA, WISCONSIN, WYOMING

MINISŁOWNIK

Crete *[kri:t]* – Kreta
Cyprus *['saɪ.prəs]* – Cypr
death *[deθ]* – śmierć
hippopotamus *[ˌhɪp.əˈpɒt.ə.məs]* – hipopotam
human *['hju:.mən]* – człowiek, ludzki
island *['aɪ.lənd]* – wyspa
located *[ləʊˈkeɪtɪd]* – zlokalizowany
quiz *[kwɪz]* – quiz
responsible *[rɪˈspɒnt.sə.bºl]* – odpowiedzialny
Sicily *['sɪs.ɪ.li]* – Sycylia
The Mediterranean Sea *[ðəˌmed.ɪ.tºrˈeɪ.ni.ən si:]* – Morze Śródziemne

ACCIDENTS

Uporządkuj zdania
w odpowiedniej kolejności.

She fell.

A nurse cleaned the wound.

Annie was jogging in the park.

She cut her leg.

Annie's friend took her to hospital.

The nurse put a dressing on it.

Annie went home to rest.

1. Annie was jogging in the park.
2. She fell.
3. She cut her leg.
4. Annie's friend took her to hospital.
5. A nurse cleaned the wound.
6. The nurse put a dressing on it.
7. Annie went home to rest.

ENGLISH TIP!

We use possessive pronouns before body parts:

"I hurt <u>my</u> hand." "Could you scratch <u>my</u> back?" "She touched <u>his</u> leg."

MINISŁOWNIK

accident *['æk.sɪ'dᵊnt]* – wypadek
clean *[kliːn]* – wyczyścić, posprzątać
fall *[fɔːl]* – upaść
hurt *[hɜːt]* – zranić (się)
jogging *[dʒɒgɪŋ]* – bieganie
nurse *[nɜːs]* – pielęgniarka
possessive pronoun *[pə,zes.ɪv 'prəʊ.naʊn]* – zaimek dzierżawczy
put a dressing on *[pʊt ə 'dres.ɪŋ ɒn]* – założyć opatrunek
rest *[rest]* – odpoczywać
scratch *[skrætʃ]* – podrapać
take *[teɪk]* – wziąć
touch *[tʌtʃ]* – dotknąć
wound *[wuːnd]* – rana

WHICH IS SAM'S BEDROOM?

Który obrazek pasuje do tekstu?

Sam's bed is opposite the window. There is a computer desk under the window. There is a bedside cabinet next to his bed. He has a round carpet next to his bed. He keeps his slippers under his bed. There is a houseplant next to his bedside cabinet. He has got a poster above his bed. Sam's cat sleeps on his pillow.

A

B

A

> **DID YOU KNOW?**
>
> We spend more time on our bed than on any other piece of furniture in our home.

MINISŁOWNIK

above *[ə'bʌv]* – nad
bedroom *['bed.rʊm]* – sypialnia
bedside cabinet *['bed.saɪd 'kæb.ɪ.nət]* – szafka nocna
carpet *['kɑː.pɪt]* – dywan
computer desk *[kəm'pjuː.tə' desk]* – biurko do komputera
furniture *['fɜː.nɪ.tʃə']* – meble

houseplant *['haʊs.plɑːnt]* – roślina domowa
next to *[nekst tə]* – obok
opposite *['ɒp.ə.zɪt]* – naprzeciwko
pillow *['pɪl.əʊ]* – poduszka
poster *['pəʊ.stə']* – plakat
round *[raʊnd]* – okrągły
slippers *['slɪp.ə'z]* – klapki
under *['ʌn.də']* – pod

LOGIC

Uzupełnij brakujące słowa.

1. slap: hand

   <u>Kick</u>: foot

2. knee: leg

   _____ : arm

3. optimistic: pessismistic

   _____: bored

4. pitch: football

   _____: tennis

Which word doesn't belong?

5.

1 kick: foot

2 elbow: arm

3 excited: bored

4 court: tennis

5 Shell – the other words are spelled with a "ph".

ENGLISH TIP!

Many English words are spelled with a "ph". Examples:

alphabet, nephew, physical, orphan

MINISŁOWNIK

alphabet *['æl.fə.bet]* – alfabet
belong *[bɪ'lɒŋ]* – należeć
bored *[bɔːd]* – znudzony
court *[kɔːt]* – kort
elbow *['el.bəʊ]* – łokieć
excited *[ɪk'saɪ.tɪŋ]* – podekscytowany
kick *[kɪk]* – kopnąć
knee *[niː]* – kolano

logic *['lɒdʒ.ɪk]* – logika
nephew *['nef.juː]* – bratanek/siostrzeniec
orphan *['ɔː.fn]* – sierota
physical *['fɪz.ɪ.kºl]* – fizyczny, cielesny
pitch *[pɪtʃ]* – boisko
shell *[ʃel]* – muszla
slap *[slæp]* – spoliczkować
spell *[spel]* – literować

WEATHER IDIOMS

Połącz idiomy z ich poprawnym znaczeniem.

1.
to be raining cats
and dogs

2.
to feel/to be under the weather

3.
to be a fair-weather friend

a) to be a bit ill

b) to only be around when
   things are good

c) to rain very heavily

1c

2a

3b

MINISŁOWNIK

attend *[ə'tend]* – wziąć udział
heavily *['hevɪ.li]* – mocno, gęsto
idiom *['ɪd.i.əm]* – idiom
to be a fair-weather friend *[tə bi: ə 'feə,weð.əˈ frend]* – być fałszywym
   przyjacielem
to be raining cats and dogs *[tə bi: reɪnɪŋ kæts ənd dɒgz]* – leje jak z cebra
to feel/to be under the weather *[tə fi:l/tə bi: ʌn.dəˈ ðə 'weð.əˈ]* – źle się czuć

IN THE BATHROOM

Do którego obrazka pasuje słowo z hasła krzyżówki?

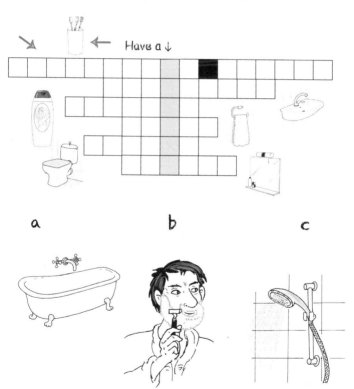

Have a ↓

a   b   c

Have a ↓

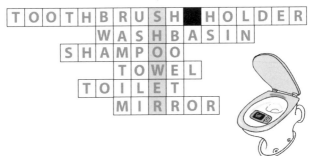

```
T O O T H B R U S H █ H O L D E R
            W A S H B A S I N
      S H A M P O O
            T O W E L
    T O I L E T
          M I R R O R
```

DID YOU KNOW?

Seven million mobile phones are dropped in the toilet per year?

GERUND OR INFINITIVE?

Zaznacz poprawną formę czasownika.

1. Barbara can
   - sing
   - to sing quite well.
   - singing

2. I enjoy
   - play
   - to play computer games.
   - playing

3. You shouldn't
   - steal
   - to steal .
   - stealing

4.
   - Swim
   - To swim is good exercise.
   - Swimming

5. She drank a cup of coffee before
   - leave
   - to leave .
   - leaving

1 Barbora can sing quite well.

2 I enjoy playing computer games.

3 You shouldn't steal.

4 Swimming is good exercise.

5 She drank a cup of coffee before leaving.

MINISŁOWNIK

after [ˈɑː.f.tə] – po
bare infinitive [beəˈ ɪnˈfɪn.ə.tɪv] – bezokolicznik
before [bɪˈfɔːˈ] – przed
cup [kʌp] – kubeczek, filiżanka
enjoy [ɪnˈdʒɔɪ] – cieszyć się, skorzystać z czegoś z przyjemnością
exercise [ˈek.sə.saɪz] – ćwiczenie
jump [dʒʌmp] – skakać
leave [liːv] – wyjść, odejść

modal verb [ˈməʊ.dᵊlˈvɜːb] – czasownik modalny
quite [kwaɪt] – całkiem
should [ʃʊd] – miał(a)by, mielibyście
sing [sɪŋ] – śpiewać
steal [stiːl] – ukraść
well [wel] – dobrze
without [wɪˈðaʊt] – bez

DESCRIBING PEOPLE

Zaznacz obrazek pasujący do opisu.

1 She has a round face with thin eyebrows and frizzy hair.

a

b

2 He has a square face, a wide nose and bushy eyebrows.

a

b

DID YOU KNOW?

Your face shape says something about your personality.

- round = emotional, sensitive and caring

- square = agressive, ambitious and dominating

- oblong = practical, methodical – may tend to overwork

- triangular = active and energetic, but may burn out quickly

---

MINISŁOWNIK

aggressive *[ə'gres.ɪv]* – agresywny
ambitious *[æm'bɪʃ.əs]* – ambitny
burn out *[bɜːn aʊt]* – wypalić
bushy *['bʊʃ.i]* – krzaczasty
caring *[keə'ɪŋ]* – opiekuńczy, troskliwy
dominating *['dɒm.ɪneɪ.tɪŋ]* – dominujący
emotional *[ɪ'məʊ.ʃ°n.³l]* – uczuciowy
energetic *[ˌen.ə'dʒet.ɪk]* – energiczny
frizzy *['frɪz.i]* – kędzierzawy
methodical *[mə'θɒd.ɪk°l]* – metodyczny
oblong *['ɒb.lɒŋ]* – prostokątny

overwork *[ˌəʊ.və'wɜːk]* – przepracować się
personality *[ˌpɜː.s³n'æl.ə.ti]* – osobowość
pointy *['pɔɪn.ti]* – szpiczasty
practical *['præk.tɪ.k°l]* – praktyczny
round *[raʊnd]* – okrągły
shape *[ʃeɪp]* – kształt
square *[skweə']* – kwadratowy
tend *[tend]* – mieć skłonności
triangular *[traɪ'æn.gjə.lə']* – trójkątny

116

WEATHER

Wykreśl słowo, które nie pasuje do pozostałych.
Uwaga! W jednym rzędzie wszystkie słowa
pasują.

SUN	1.	sunshine	heatwave	breeze
RAIN	2.	drizzle	hail	showers
WIND	3.	huricane	showers	breeze
SNOW	4.	heatwave	ice	snowfall

1 **breeze**

2 Ø

3 **showers**

4 **heatwave**

DID YOU KNOW?

Yuma in the state of Arizona has over 4,000 hours
of sunshine per year – making it the sunniest place on
the planet.

MINISŁOWNIK

breeze *[briːz]* – wietrzyk, powiew
drizzle *['drɪz.ºl]* – mżawka
hail *[heɪl]* – gradobicie, grad
heatwave *[hiːt‚weɪv]* – fala upałów
hurricane *['hʌr.ɪ.kən]* – huragan
ice *[aɪs]* – lód
place *[pleɪs]* – miejsce
planet *['plæn.ɪt]* – planeta

rain *[reɪn]* – deszcz
shower *['ʃaʊə']* – przelotny deszcz
snow *[snəʊ]* – śnieg
snowfall *['snəʊ.fɔːl]* – opad śniegu
sun *[sʌn]* – słońce
sunshine *['sʌn.ʃaɪn]* – światło słoneczne
the sunniest *[ðə 'sʌni.ɪst]* – najsłoneczniej
wind *[wɪnd]* – wiatr

ADJECTIVES

Znajdź 17 przymiotników. Ważną wskazówkę znajdziesz na następnej stronie.

brilliant rude child for outgoing on

impatient selfish sweet drawer the

ancient tasty products educational

candy responsible entertaining

generous cheerful candle

depressing childish TV program my

brilliant	educational
rude	responsible
outgoing	entertaining
impatient	generous
selfish	cheerful
sweet	depressing
the	childish
ancient	my
tasty	

ENGLISH TIP!

Articles the, a, an and possessive pronouns my, our, your, their – are also adjectives!

"I   love   my   cat."

(pronoun - verb - adjective - noun)

MINISŁOWNIK

adjective [ˈædʒ.ɪk.tɪv] – przymiotnik
ancient [ˈeɪn.tʃ⁰nt] – antyczny, starożytny
article [ˈɑː.tɪ.kᵊl] – przedimek
brilliant [ˈbrɪl.i.ənt] – znakomity
cheerful [ˈtʃɪə.fᵊl] – radosny
childish [ˈtʃaɪl.dɪʃ] – dziecinny
depressing [dɪˈpresɪŋ] – przygnębiający
educational [ˌedʒ.ʊˈkeɪ.ʃᵊn.ᵊl] – pouczający
entertaining [ˌen.təˈteɪnɪŋ] – rozrywkowy
generous [ˈdʒen.ᵊr.əs] – hojny
impatient [ɪmˈpeɪ.ʃᵊnt] – niecierpliwy

noun [naʊn] – rzeczownik
outgoing [ˈaʊtˌgəʊ.ɪŋ] – towarzyski
possessive [pəˌzes.ɪv] – dzierżawczy
pronoun [ˈprəʊnaʊn] – zaimek
responsible [rɪˈspɒnt.sə.bᵊl] – odpowiedzialny
rude [ruːd] – niegrzeczny, grubiański
selfish [ˈsel.fɪʃ] – samolubny
sweet [swiːt] – słodki
tasty [ˈteɪ.sti] – smaczny
verb [vɜːb] – czasownik

120

RIDDLES

1. While walking across a bridge I saw a boat full of people. Yet on the boat there wasn't a single person. Why?

2. Your mother's brother's only brother-in-law is asleep on the couch. Who is asleep on the couch?

1 They are all married.

2 My father

According to Greek mythology, the Sphinx sat outside of Thebes and asked passing travelers a riddle. If they could not answer, they would die.

Did you answer the 2 riddles correctly?

MINISŁOWNIK

according [əˈkɔː.dɪŋ] – według
across [əˈkrɒs] – przez
answer [ˈɑːnt.sə²] – odpowiedź
ask [æsk] – pytać
asleep [əˈsliːp] – śpiący, usnąć
boat [bəʊt] – łódź
bridge [brɪdʒ] – most
brother in law [ˈbrʌð.ə².ɪn.lɔː] – szwagier
correctly [kəˈrektli] – poprawnie
couch [kaʊtʃ] – kanapa
full [fʊl] – pełny
Greek [griːk] – grecki

married [ˈmærɪd] – zamężna, żonaty
mythology [mɪˈθɒl.ə.dʒi] – mitologia
outside [ˌaʊtˈsaɪd] – przed, na zewnątrz
passing [pɑːsɪŋ] – mijając
people [ˈpiː.p²l] – ludzie
person [ˈpɜː.s²n] – osoba
riddle [ˈrɪd.²l] – zagadka, rebus
see [siː] – widzieć
single [ˈsɪŋ.g²l] – pojedynczy, wolny
sit [sɪt] – siedzieć
traveler [ˈtræv.²l.ə²] – podróżnik
walk [wɔːk] – iść
while [ˈhwaɪl] – w trakcie, podczas gdy

THE OR ∅

Wybierz poprawną odpowiedź.

1. Do we use THE before islands?

   a) They went to the Crete on their honeymoon.
   b) They went to Crete on their honeymoon.

2. Do we use THE before mountain ranges?

   a) We went skiing in the Alps.
   b) We went skiing in Alps.

1b

2a

> **ENGLISH TIP!**
>
> We use "the" before
>
> • deserts – the Sahara
>
> • mountain ranges – the Alps
>
> • bodies of water – the Atlantic Ocean

MINISŁOWNIK

bodies of water *['bɒd.i əv 'wɔː.tə']* – zbiornik wodny
desert *['dez.ət]* – pustynia
honeymoon *['hʌn.i.muːn]* – podróż poślubna
island *['aɪ.lənd]* – wyspa
mountain range *['maʊn.tɪn reɪndʒ]* – pasmo górskie
skiing *['skiː.ɪŋ]* – jazda na nartach

FAMILY RELATIONSHIPS

Uzupełnij brakujące słowa.

1. uncle: aunt
   nephew: _____

2. brother: sister
   _____: cousin

3. father: son
   mother: _____

4. father: son
   grandfather: _____

5. son: cousin
   nuclear family: __ _____

1. niece

2. cousin

3. daughter

4. grandson

5. extended family

ENGLISH TIP!

Do you know what an ex-wife, ex-husband, ex-girl, ex-boyfriend is?

It's what you call a former partner after a divorce or break up.

In English slang you can simply call them an "ex":

"I saw your ex yesterday at the supermarket."

MINISŁOWNIK

aunt *[a:nt]* – ciocia
break up *[breɪk ʌp]* – zerwanie, rozstanie
divorce *[dɪ'vɔːs]* – rozwód
ex-boyfriend *[eks 'bɔɪ.frend]* – były chłopak
ex-girlfriend *[eks 'gɜː.frend]* – była dziewczyna
ex-husband *[eks 'hʌz.bənd]* – były mąż
extended family *[ɪk'ststendɪd 'fæm.ᵊl.i]* – rodzina wielopokoleniowa
ex-wife *[eks waɪf]* – była żona

former *['fɔː.məʳ]* – były, poprzedni
grandfather *['grænd,faː.ðəʳ]* – dziadek
grandson *['grænd.sʌn]* – wnuk
nephew *['nef.juː]* – bratanek, siostrzeniec
niece *[niːs]* – bratanica, siostrzenica
nuclear family *['njuː.kli.əʳ 'fæm.ᵊl.i]* – rodzina nuklearna (rodzina mała)
relationship *[rɪ'leɪ.ʃⁿn.ʃɪp]* – związek
uncle *['ʌŋ.kᵊl]* – wujek

WORD FORMATION

VERBS → NOUNS

1. entertain

2. perform

3. create

4. predict

5. employ

6. relax

1. entertainment

2. performance

3. creation

4. prediction

5. employment

6. relaxation

> **ENGLISH TIP!**
>
> We use "will" for predictions.
>
> "Everything will be ok!" :)

MINISŁOWNIK

creation *[kri'eı.ʃⁿn]* – wytwór
employment *[ım'plɔı.mənt]* – zatrudnienie
entertainment *[ˌen.tə'teın.mənt]* – rozrywka
everything *['ev.ri.θıŋ]* – wszystko
performance *[pə'fɔː.mənts]* – wystąpienie
prediction *[prı'dık.ʃⁿn]* – przepowiednia,
 przewidywania
relaxation *[ˌriːlæk'seı.ʃⁿn]* – odpoczynek

FOREIGN WORDS IN ENGLISH

Z jakiego języka pochodzą wymienione słowa?

1. PERFUME   ITALIAN

2. SKI   ARABIC

3. ALARM   HINDI

4. ZERO **0**   FRENCH

5. PYJAMAS   NORWEGIAN

1. PERFUME – FRENCH

2. SKI – NORWEGIAN

3. ALARM – ITALIAN

4. ZERO – ARABIC

5. PYJAMAS – HINDI

MINISŁOWNIK

alarm [əˈlɑːm] – budzik
call [kɔːl] – (za)dzwonić
foreign [ˈfɒr.ɪn] – zagraniczny, obcy
Hindi [ˈhɪn.diː] – hinduski
Norwegian [nɔːˈwiː.dʒ ⁿ] – norweski
perfume [ˈpɜː.fjuːm] – perfumy
pyjamas [pɪˈdʒɑː.məz] – pidżama
To arms! [tə ɑːmz] – do broni!
warning [wɔːnɪŋ] – ostrzeżenie
zero [ˈzɪə.rəʊ] – zero

USED TO vs. GET USED TO

Połącz zdanie z odpowiednim obrazkiem.

1. **I can't get used to getting up so early.**

2. **I used to get up early but these days I sleep in.**

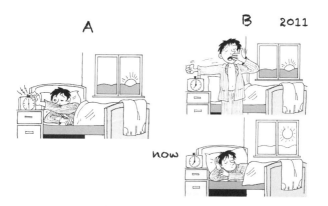

A

B   2011

now

ENGLISH TIP!

We use:

<u>used to</u> + <u>infinitive</u> to talk about things that happened in the past that no longer happen now:

"She used to be a swimmer when she was younger."

<u>Be/get used to</u> + <u>'ing' form</u>

to talk about things you are accustomed to or becoming accustomed to:

"I am used to going to school without breakfast."

1A

2B

MINISŁOWNIK

accustomed to *[əˈkʌs.təmd tə]* – przyzwyczajony do
early *[ˈɜː.li]* – wcześnie
get up *[get ʌp]* – wstać
I used to get up... *[aɪ juːst tə get ʌp]* – kiedyś wstawałem…
I'm used to... *[aɪm juːst tə]* – jestem przyzwyczajony do…
sleep in *[sliːp ɪn]* – dłużej pospać

NATURAL DISASTERS

WORD SEARCH PUZZLE

A	N	C	O	X	V	K	F	L	O	O	D
R	L	K	U	O	V	O	R	S	T	U	P
I	I	U	E	A	C	O	L	O	C	E	M
U	G	S	D	N	U	Z	L	C	Y	Z	B
L	H	E	A	R	T	H	Q	U	A	K	E
H	T	K	D	C	O	E	N	C	U	N	A
B	N	U	X	Z	O	U	C	E	O	N	O
Q	I	K	O	S	C	U	G	Z	V	A	O
E	N	A	C	I	R	R	U	H	E	V	R
E	G	U	Z	V	A	R	G	X	T	U	K
R	O	K	U	E	V	O	X	V	T	S	Q

A	N	C	O	X	V	K	F	L	O	O	D
R	L	K	U	O	V	O	R	S	T	U	P
I	I	U	E	A	C	O	L	O	C	E	M
U	G	S	D	N	U	Z	L	C	Y	Z	B
L	H	E	A	R	T	H	Q	U	A	K	E
H	T	K	D	C	Q	E	N	C	U	N	A
B	N	U	X	Z	O	U	C	E	O	N	O
Q	I	K	O	S	C	U	G	Z	V	A	O
E	N	A	C	I	R	R	U	H	E	V	R
E	G	U	Z	V	A	R	G	X	T	U	K
R	O	K	U	E	V	O	X	V	T	S	Q

MINISŁOWNIK

drought *[draʊt]* – susza

god of storms *[gɒd əv stɔːmz]* – bóg burzy

earthquake *[ˈɜːθ.kweɪk]* – trzęsienie ziemi

hurricane *[ˈhʌr.ɪ.kən]* – huragan

flood *[flʌd]* – powódź

lightning *[ˈlaɪ.tᵊnɪŋ]* – błyskawica

Mayan *[ˈmaɪən]* – majański

natural disaster *[ˈnætʃ.ᵊr.ᵊl dɪˈzɑːstəʳ]* – klęska żywiołowa

storm *[stɔːm]* – burza

volcano *[vɒlˈkeɪ.nəʊ]* – wulkan

DID YOU KNOW?

The English word "hurricane" comes from the name of the Mayan god of storms Huracán.

MATERIALS

Wykreśl słowo, które nie pasuje do pozostałych.

1. FABRIC	cotton	pine	wool
2. METAL	nylon	steel	aluminium
3. WOOD	oak	pine	plastic

1 pine

Pine is a type of wood.

2 nylon

Nylon is a type of fabric.

3 plastic

Plastic is a synthetic material made from petrochemicals.

MINISŁOWNIK

aluminium [ˌæl.jəˈmɪn.i.əm] – aluminium
cotton [ˈkɒt.ᵊn] – bawełna
enough [ɪˈnʌf] – dosyć
fabric [ˈfæb.rɪk] – materiał
metal [ˈmet.ᵊl] – metal
nylon [ˈnaɪ.lɒn] – nylon
oak [əʊk] – dąb
petrochemicals [ˌpet.rəʊˈkem.ɪ.kᵊls] – przemysł petrochemiczny

pine [paɪn] – sosna
plastic [ˈplæs.tɪk] – plastik
recycling [ˌriːˈsaɪ.kᵊlɪŋ] – recykling
run [rʌn] – prowadzić, trudnić się
save [seɪv] – oszczędzać
steel [stiːl] – stal
wood [wʊd] – drewno
wool [wʊl] – wełna

GET WELL SOON!

Połącz nazwę dolegliwości z odpowiednią poradą.

1. toothache

have a rest

2. headache

drink some tea
with honey

3. cough

take an aspirin

4. sore throat

5. a fever

see the dentist

6. a backache

take your
temperature

gargle salt walter

1. toothache – see the dentist

2. headache – take an aspirin

3. cough – drink some tea with honey

4. sore throat – gargle salt water

5. a fever – take your temperature

6. a backache – have a rest

MINISŁOWNIK

backache *['bæk.eɪk]* – ból pleców
cough *[kɒf]* – kaszel
dentist *['den.tɪst]* – dentysta, stomatolog
fever *['fiː.və']* – gorączka
gargle *['gɑː.gəl]* – płukać gardło
Get well soon! *[get wel suːn]* – szybkiego powrotu do zdrowia!
headache *['hed.eɪk]* – ból głowy

honey *['hʌn.i]* – miód
rest *[rest]* – odpoczynek, spokój
salt water *[sɔːlt 'wɔː.tə']* – słona woda
some *[sʌm]* – trochę, jakiś
sore throat *[sɔː' θrəʊt]* – ból gardła
take *[teɪk]* – wziąć
temperature *['tem.prə.tʃə']* – temperatura
toothache *['tuː.θ.e'k]* – ból zęba

GEOGRAPHY QUIZ

1. Which country uses the most electricity?

   a) China
   b) USA
   c) Russia

2. What is the most common name in the world?

   a) John
   b) Mohammed
   c) Li

3. Which planet is closest to the Earth?

   a) Mars
   b) Mercury
   c) Venus

1a

2b

3c

MINISŁOWNIK

close *[kləʊs]* – blisko
common *['kɒm.ən]* – powszechny, częsty
Earth *[ɜːθ]* – Ziemia
electricity *[əl.ɪk'trɪs.ə.ti]* – elektryczność
most *[məʊst]* – najwięcej
population *[ˌpɒp.jə'leɪ.ʃᵊn]* – populacja
possess *[pə'zes]* – mieć, posiadać
surname *['sɜː.neɪm]* – nazwisko
world *[wɜːld]* – świat, ziemia

FUNNY ANAGRAMS

Przestawiając litery w podanych wyrażeniach,
utworzysz nowe zwroty o podobnym znaczeniu.

1. VACATION TIME =

_ a _ _ _ a _ _ _ _

2. ELEVEN PLUS TWO =

_ _ _ _ v _ _ _ _ _ o _ _

11 + 2

3. THEY SEE =

_ _ _ _ _ _ s

1 **vacation time** = I am not active

2 **eleven plus two** = twelve plus one

3 **they see** = the eyes

ENGLISH TIP!

PRONUNCIATION

Open your mouth properly while speaking! Don't speak through the teeth or a half open mouth.

MINISŁOWNIK

anagram *['æn.ə.græm]* – anagram
don't speak *[dəʊnt spiːk]* – nie mów
pronunciation *[prə,nʌnt.siˈeɪ.ʃ°n]* – wymowa
properly *['prɒp.°l.i]* – poprawnie, prawidłowo
see *[siː]* – zobaczyć, zauważyć
speaking *[spiːkɪŋ]* – mówienie
through *[θruː]* – przez
vacation time *[vəˈkeɪ.ʃ°n taɪm]* – czas wakacji
while *['hwaɪl]* – podczas gdy

WORLD PROBLEMS

Połącz części wyrazów i utwórz całe słowa
lub wyrażenia.

ism

illit

RAC

GROWTH

POP

U
L
A
T
I
O
N

L
E
S
S

HUN

ness

home

ger

ERACY

HUNGER

RACISM

ILLITERACY

HOMELESS

HOMELESSNESS

POPULATION GROWTH

DID YOU KNOW?

These countries have
a 100 % literacy rate:

ANDORRA

FINLAND

GREENLAND

LIECHTENSTEIN

LUXEMBURG

NORWAY

VATICAN CITY

MINISŁOWNIK

homeless/homelessness *['həʊm.ləs/'həʊm.ləsnəs]* –
bezdomny/bezdomność
hunger *['hʌŋ.gəʳ]* – głód
illiteracy *[ɪ'lɪt.ªr.ə.si]* – analfabetyzm
literacy rate *['lɪt.ªr.ə.si reɪt]* – współczynnik umiejętności
czytania i pisania
population growth *[ˌpɒp.jə'leɪ.fºn grəʊθ]* – przyrost naturalny
racism *['reɪ.sɪ.zºm]* – rasizm

TOO vs. ENOUGH

Uzupełnij zdania odpowiednim przysłówkiem (too, enough).

1. Bill is _____ fat to win the race.

2. Robert is strong _____ to move the piano.

3. The shelf is _____ high. I can't reach it.

4. She's _____ rich. She doesn't know what to do with all her money.

5. She's rich_____ to pay for dinner for everybody.

1. Bill is too fat to win the race.

2. Robert is strong enough to move the piano.

3. The shelf is too high.

4. She's too rich.

5. She's rich enough to pay for dinner for everybody.

MINISŁOWNIK

dinner *['dɪn.ə']* – kolacja
enough *[ɪ'nʌf]* – dosyć
everybody *['ev.ri.bɒd.i]* – wszyscy
fat *[fæt]* – gruby, otyły
high *[haɪ]* – wysoko
move *[mu:v]* – przeprowadzać się
pay *[peɪ]* – (za)płacić
piano *[pi'æn.əʊ]* – pianino
race *[reɪs]* – wyścig
reach *[ri:tʃ]* – dosięgnąć
rich *[rɪtʃ]* – bogaty
shelf *[ʃelf]* – półka
strong *[strɒŋ]* – silny
too *[tu:]* – bardzo, zbyt, za bardzo
win *[wɪn]* – wygrać, zwyciężyć

FOOD

Wpisz słowa do odpowiedniej kolumny.

dairy products	poultry	meat	seafood

goose pork sour cream

shrimp chicken

beef lamb yoghurt

cheese octopus

turkey crab

dairy products	poultry	meat	seafood
yoghurt	chicken	pork	shrimp
cheese	turkey	beef	octopus
sour cream	goose	lamb	crab

DID YOU KNOW?

A typical Christmas dinner in Britain includes:

roast turkey or goose, potatoes, cranberry sauce

MINISŁOWNIK

beef [bi:f] – wołowina
chicken ['tʃɪk.ɪn] – kurczak
crab [kræb] – krab
cranberry sauce ['kræn.bªr.i sɔːs] – sos żurawinowy
dairy products ['dea.ri ˌprɒd.ʌkts] – nabiał, produkty mleczne
goose [guːs] – gęś
lamb [læm] – jagnięcina
octopus ['ɒk.tə.pəs] – ośmiornica
pork [pɔːk] – wieprzowina

potatoes [pə'teɪ.təʊs] – ziemniaki
poultry ['pəʊl.tri] – drób
roast turkey [rəʊst 'tɜː.ki] – pieczony indyk
seafood ['siː.fuːd] – owoce morza
shrimp [ʃrɪmp] – krewetki
sour cream [ˌsaʊªˈkriːm] – kwaśna śmietana
turkey ['tɜː.ki] – indyk
yoghurt ['jɒg.ət] – jogurt

ENGLISH IDIOMS

Połącz idiomy z pasującymi do nich zdaniami.

A The ball is in your court

Wait! Don't rush into it. Think a little more.

B Hold your horses

Stop talking and start investing or take action.

C Put your money where your mouth is

It's your responsibility now to take the next step.

A The ball is in your court = It's your responsibility now to take the next step.

B Hold your horses = Wait! Don't rush into it. Think a little more.

C Put your money where your mouth is = Stop talking and start investing or take action.

MINISŁOWNIK

court [kɔːt] – kort
hold [həʊld] – trzymać
invest [ɪn'vest] – inwestować
more [mɔːʳ] – więcej
put [pʊt] – położyć
responsibility [rɪˌspɒnt. sə.bɪl.ə.ti] – odpowiedzialność

rush [rʌʃ] – śpieszyć się
take action [teɪk 'æk.ʃ°n] – działać, postępować
take the next step [teɪk ðə nekst step] – zrobić kolejny krok
talk [tɔːk] – mówić
think [θɪŋk] – myśleć

WHAT'S THE MISSING WORD?

Wpisz jedno słowo, aby powstały poprawne wyrażenia.

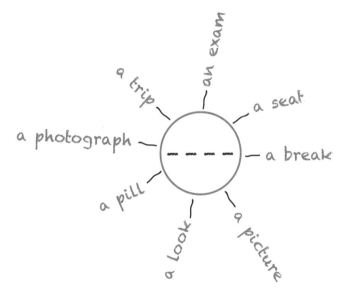

a trip
an exam
a seat
a photograph
- - - - -
a break
a pill
a look
a picture

TAKE

MINISŁOWNIK

break *[breɪk]* – przerwa
collocation *[ˌkɒl.əʊ'keɪ.ʃⁿn]* – kolokacja, połączenie słowne
common *['kɒm.ən]* – powszechny
look *[lʊk]* – patrzeć
pill *[pɪl]* – pigułka
seat *[siːt]* – siedzenie
take *[teɪk]* – wziąć
take a chance *[teɪk ə tʃɑːnts]* – zaryzykować
take a picture/photograph *[teɪk ə 'pɪk.tʃə'/'fəʊ.təʊ]* – zrobić zdjęcie

take action *[teɪk 'æk.ʃⁿn]* – działać
take advantage of *[teɪk əd'vɑːn.tɪdʒ əv]* – wykorzystać coś
take an exam *[teɪk ən ɪg'zæm]* – przystąpić do egzaminu
take care of *[teɪk keə' əv]* – zaopiekować się
take your time *[teɪk jə' taɪm]* – nie spiesz się
trip *[trɪp]* – wycieczka

QUESTIONS

Poukładaj słowa w takiej kolejności, by powstało pytanie.

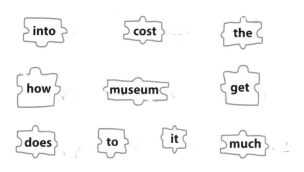

into · cost · the · how · museum · get · does · to · it · much

How much does it cost
to get into the
museum. ?

How much does it cost to get into the museum?

DO YOU KNOW?

Where is the Louvre museum?

- London
- Paris
- Rome

PARIS

MINISŁOWNIK

cost *[kɒst]* – kosztować
get *[get]* – dostać się
into *['ɪn.tə]* – do wewnątrz

RHYME TIME

Które cztery słowa opisujące rysunki rymują się ze słowem LAUGH?

GIRAFFE

CALF

1/2 (HALF)

GRAPH

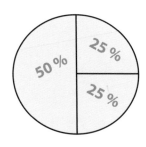

50%

25%

25%

DO YOU KNOW?

This kind of graph is called "a pie chart".

MINISŁOWNIK

alarm clock *[ə'la:m klɒk]* – budzik
cactus *['kæk.təs]* – kaktus
calf *[ka:f]* – cielak
giraffe *[dʒɪ'ra:f]* – żyrafa
graph *[gra:f]* – graf
laugh *[la:f]* – śmiech
pie chart *[paɪˌtʃa:t]* – diagram kołowy

racket *['ræ.ɪt]* – rakieta (tenisowa)
rhyme *[raɪm]* – rym
1/2 (half) *[ha:f]* – połowa
1/4 (quarter) *['kwɔ:.təʳ]* – ćwiartka
1/3 (third) *[θɜ:d]* – jedna trzecia

156

WORD ORDER

Ułóż słowa w takiej kolejności, by utworzyły zdanie.

test

he

for

for √3 but √8 the √4

Physics 6 √ studied 2 √ Maths √5

study 9 he √1 the

didn't √

test √7

He Studied for the maths (Physics) test, but he didn't study For the

He studied for the Maths (Physics) test, but he didn't study for the Physics (Maths) test!

MINISŁOWNIK

Maths *[mæθs]* – matematyka
Physics *['fɪz.ɪks]* – fizyka
study *['stʌd.i]* – studiować, uczyć się
word order *[wɜːd 'ɔː.də']* – szyk wyrazów

SECRET CODE

Rozszyfruj tajny kod.

I T I S T I M E
☽ ⊘ ☽ ☉ ⊘ ☽ & *

I O S A Y
⊘ + ☉ ◖ ▣

G O O D B Y E !
⬣ + + ⊡ ✦ ▣ * ✹

☽ = I		& = M
◖ = A		▣ = Y
* = E		⬣ = G
⊘ = T		⊡ = D
☉ = S		✦ = B
+ = O		✹ = !

IT IS TIME TO SAY GOODBYE!

ENGLISH TIP!

English phrases for saying goodbye:

- See you./Do zobaczenia.
- See you later./Do zobaczenia później.
- See you later, alligator./Do zobaczenia później.
- See you soon./Do zobaczenia wkrótce.
- Catch you later./Zobaczymy się później.
- I am off./No to idę.